DIE KOCHKUNST GRAUBÜNDENS

Roland Jöhri

DIE KOCHKUNST GRAUBÜNDENS

Traditionelle Rezepte – neu kreiert

Mit einem Vorwort von Wolfram Siebeck,
Texten zur Tradition der Bündner Küche von Chasper Pult und
Fotografien von Evelyn und Hans-Peter König.

AT Verlag Aarau · Stuttgart

2. Auflage 1990

AT Verlag Aarau/Schweiz
Gesamtherstellung: Grafische Betriebe
Aargauer Tagblatt AG, Aarau
Printed in Switzerland

ISBN 3-85502-367-0

Meiner lieben Frau Brigitte

Ein herzliches Dankeschön geht an alle Beteiligten,
die mit grosser Begeisterung und Leidenschaft zum guten Gelingen
dieses Werkes beigetragen haben:

Den Besitzern des Hotels Haus Paradies: Irene und Dr. Werner Ingold
Für die fachliche Überarbeitung: Léonie Haefeli
Den Sekretärinnen: Birgit Alber, Elvira Merz, Marianne Kühne
Der Küchenbrigade: Franz Pölterl, Peter Heidrich, Peter Schetter,
Jörg Guggisberg, Anita Ramseier, Jolanda Joss, Leo Peterhans
Dem Fleischlieferanten: Ludwig Hatecke
Dem Delikatessenlieferanten: Jan Rageth
Der Besitzerin der alten Küche in Guarda: Maria Schellenberg
Dem Gestalter der Sgraffiti: Jachen Canal von der Firma Duri Bezzola in Scuol
Den Fotografen: Evelyn und Hans-Peter König

VORWORT

Von Wolfram Siebeck

Als Marcel Proust eine Madeleine in seinen Tee tunkte, brachten ihm ihr Duft und ihr Geschmack vergangene, glückliche Zeiten auf eine überwältigende Art und Weise in Erinnerung. Mir geht es, bei allem Respekt, nicht viel anders. Lese ich Wörter wie *Krautpizokel, Maluns, Wirzköpfli* oder *Tatsch,* ergreift mich eine verheissungsvolle Unruhe, die sich bei der Erwähnung der *Ardezer Fleischtorte Tumasch* und von *Sursilvaner Capuns* zur Erregung steigert. Da bedarf es dann nur des *Ftaner Schafsragouts,* und ich könnte, wie Proust, in Erinnerungen schwelgen bis ans Ende meiner Tage. Da ich jedoch nicht Marcel Proust bin, reagiere ich eher wie ein Pawlowscher Hund: Mir läuft das Wasser im Mund zusammen.

Graubündner Küche und Ftan, das summiert sich zu einem Namen, der für mich mit gastronomischer Perfektion und kulinarischem Glück verbunden ist wie nur wenige andere: Roland Jöhri. Das «Haus Paradies», das Brigitte und Roland Jöhri im schönsten Teil des Engadins leiten, ist eigentlich ein Wunder. Einerseits ein Hotel, das sogar dann zu den Juwelen des Gastgewerbes zählte, wenn dort überhaupt nicht gekocht würde. Anderseits die beste

Küche Graubündens, was nicht nur die Gourmets von weither anreisen lässt, sondern auch den Hotelgästen ein zusätzliches und einzigartiges Erlebnis verschafft.

Graubündner Kochkunst? Es sei mir gestattet, den Titel dieses schönen Buches zu kommentieren, zu ergänzen. Eine Regionalküche – ob sie in Graubünden beheimatet ist oder im Waadtland, im Lyonnais oder in der Toskana – ist zunächst einmal *keine* Kunst. Erst ein begabter und intelligenter Küchenchef vermag es, aus dem jeweiligen Fundus im wahrsten Sinne des Wortes herauszukochen, was von entzückten Zeitgenossen als Kochkunst gelobt und von der Geschichte des Essens als entscheidende Tat bewertet wird. Nicht *Engadiner Wurst und Speck mit Tatsch* ist das Entscheidende, sondern was einer wie Jöhri daraus macht.

Er kocht «grosse Küche», die vor allem. Wenn er sich regionaler Spezialitäten annimmt, dann macht er aus den ursprünglichen Deftigkeiten kostbare, kleine Delikatessen. Verfeinerung, diese erste und einzige Methode zur Überwindung der Abfütterungsmentalität, gehört zu den Zutaten seiner Küche wie Pfeffer und Salz. Insofern ist sein Verdienst um die Graubündner Küche gar nicht hoch genug einzuschätzen, weil sie, wie alle Regionalküchen, nur sinnvoll überleben kann, wenn sie unseren heutigen Lebensgewohnheiten angepasst, eben verfeinert wird. Deshalb sind die hier gesammelten Rezepte kein kulinarisches Heimatmuseum. Sie sind der Ausweis eines Küchenchefs, der seine technische Meisterschaft und seine sensuelle Zuverlässigkeit mit der Einsicht in das Notwendige und die Beschränkung aufs Machbare kombiniert. Ein Glücksfall.

INHALT

MALUNS IN KUALA LUMPUR

Zur Tradition der Kochkunst Graubündens von Chasper Pult

«**N**icht einmal der Herrgott weiss, was ein Bündner denkt.» Dieses Sprich- oder Scherzwort aus dem Vorderrheintal führt uns mitten in die kulturellen Eigenheiten Graubündens und seiner Bewohner. Eine reiche kulturelle Vielfalt im flächenmässig grössten Schweizer Kanton begegnet uns auf Schritt und Tritt. Der Kanton Graubünden, der während mehr als drei Jahrhunderten die Alpenrepublik des Freistaates der Drei Bünde bildete und sich erst nach der napoleonischen Neuverteilung als Glied der Eidgenossenschaft in die Geschichte der Schweiz teilte (1803), ist geografisch geprägt durch die 150 Haupt- und Seitentäler, die die Alpenkette in diesem Raume durchfurchen.

Die drei Sprachgebiete Graubündens – Deutsch, Rätoromanisch und Italienisch – sind ihrerseits wieder weiter aufgegliedert: Das Deutsche reicht in verschiedenen Varianten vom Walserdeutsch der eingewanderten Oberwalliser bis zum Tirolerdeutsch der Samnauner; vom Rätoromanischen gibt es fünf verschiedene Schriftsprachen, jede von ihnen mit jahrhundertealten Traditionen; und in den vier Südtälern Graubündens werden neben der italienischen Schriftsprache weitere, dem Lombardischen verwandte oberitalienische Dialekte gesprochen. Eine bäuerliche Kultur, deren einzige wirtschaftliche Grundlage während Jahrhunderten die Berglandwirtschaft bildete, kontrastierte schon früh mit einem herrschaftlichen Lebensstil, sichtbar an den urbanen Architektureinflüssen – man denke etwa an die «Städte» Ilanz und Maienfeld – und an den stolzen Patrizierhäusern in Hochtälern wie dem Engadin oder dem Puschlav. Dank der religiösen Toleranz nach der Reformation konnte ferner jede Gemeinde über ihre Konfessionszugehörigkeit selbst entscheiden. So kommt es, dass die Besichtigung auch nur eines kleinen Teils dieses Kantons den interessierten Besucher von einem protestantischen romanischen Dorf über eine katholische romanische und eine katholische deutschsprachige Gemeinde in ein protestantisches deutschsprachiges Dorf führt. Über den nächsten Pass gelangt er je nachdem in ein reformiertes oder katholisches oder konfessionell geteiltes italienischsprechendes Bergtal.

Nicolin Sererhard aus Zernez beschrieb schon 1742 eine nahrhafte Engadiner Variante von Capuns mit folgenden Worten: «Für starke Mägen und Arbeitsleuth sind diese Knollen auch eine gute veste Speiss und des ganzen Landvolks Sommer und Winter bey nachen tägliche Nahrung.» Im übertragenen Sinn wird *capun/ chapun* im Bündner Romanischen für einen Knirps verwendet, natürlich eher für einen dicklichen.

Selbstverständlich findet diese kulturelle Vielschichtigkeit auch in der entsprechenden kulinarischen Vielfalt ihren Ausdruck. Graubünden ist ein Bergkanton. Der Lebensunterhalt setzte schwere körperliche Arbeit voraus, was sich in der Zusammensetzung der meisten traditionellen Gerichte niederschlägt. Es wäre jedoch falsch, Essen und Trinken nur als Überlebensstrategie zu sehen. Gerade in einer bäuerlichen Gesellschaft können wir deutlich erkennen, wie die Mahlzeiten als Gemeinschaftshandlungen den Tages- und Jahresablauf bestimmen. Ob in der Hausgemeinschaft des Bergbauern oder in der Arbeitsgemeinschaft der Älplerfamilie, die belebende Wirkung von Speis und Trank, gemeinsam genossen, bereichert und verschönert den Alltag. Der Mensch des angehenden 20. Jahrhunderts, der den von der Oberschicht übernommenen Gebrauch eines eigenen Tellers als Selbstverständlichkeit ansieht und ein Mahl aus der gemeinsamen Schüssel aus eigener Erfahrung nicht mehr kennt, es höchstens noch beim Genuss eines Käsefondues erlebt, kann dieses früher tagtäglich gelebte ursprüngliche Gemeinschaftsgefühl kaum noch erahnen!

Essen und Trinken dient aber nicht nur dem Körper, sondern dem ganzen Menschen. Ein Sprichwort aus dem Münstertal sagt: «Do avair bain mangià e bain bavü, Satanas nun es plü» (Nachdem man gut gegessen und getrunken hat, ist Satan nicht mehr). Das geistige Wohlergehen steht mit der Nahrungsaufnahme in engem Zusammenhang. Der Volksmund drückt diese Wechselwirkung zwischen dem Materiellen und dem Geistigen so aus: «Wie einer isst, so schafft er.» Denken wir nur an die wilden Männchen in der alpinen Sagentradition, die so flink sind, weil sie sich von Gemsmilch ernähren. Vielleicht erklärt sich damit auch die immer wieder dokumentierte Verachtung des Salates und einiger Gemüsearten in Graubünden, denn «Chi chi mangia erba, dvainta bescha» (Wer Gras isst, wird zum Schafe).

Die einfache Alltagskost des Bündner Bergbauern kontrastierte bis in die neuere Zeit mit besonderen Mahlzeiten, etwa dem Festmahl bei kirchlichen oder familiären Feiern, dem Leichenmahl, das im Engadin noch heute *paloma* (aus *per l'orma* – für die Seele) heisst, oder dem gemeinsamen Abendessen nach der *bacharia,* der früher allgemein üblichen Hausmetzg.

Im gewöhnlichen Tagesablauf unterschied man vier Hauptmahlzeiten. Ein sehr nahrhaftes Frühstück mit Polenta oder Kartoffeln, dessen romanische Namen grosse Vielfalt auf engstem Raum ausdrücken, nahm man im Sommer bereits kurz nach Sonnenaufgang zu sich. Während im Vorderrheintal und in Mittelbünden *(an)solver* (aus lat. *solvere jejunium* – das Fasten brechen) an das englische break-fast erinnert, beziehen sich die Engadiner Ausdrücke *püschain (post-cenam)* und *cruschigna (cras-cenium)* auf zeitliche Ableitungen (nach der *cena).* Allerdings werden sie heute durch das aus Oberitalien übernommene *culaziun* verdrängt. Das Mittagessen, *giantar/gentar,* bestand meistens aus einer Suppe und einer Mehlspeise, bei seltenen Gelegenheiten auch aus Fleisch. Während der strengen Feldarbeit war eine *merenda* zur Stärkung üblich, die wenn möglich auch getrocknetes oder geräuchertes Fleisch umfasste. Die *tschaina/tscheina* schliesslich, das Abendessen, bestand beispielsweise aus *bizoccals, maluns* oder *pulenta;* getrunken wurde meistens dünner Milchkaffee. Anders sah das Sonntagsmenü aus: Die obligate Gerstensuppe wurde wenn immer möglich von einem Braten begleitet, während man das für die Zubereitung der Suppe benötigte Fleisch an den folgenden Wochentagen genoss. Die ausholende Beschreibung eines Kirchweihfestes in Hexametern durch den sursilvanischen Epiker Giachen Caspar Muoth (1844–1906) wird gar zu einer

Als Regel, um zu prüfen, ob die Maluns gut geraten waren, galt: Nach dem ersten Löffel voll Maluns im Mund musste man «Si Sursaissa Tudestga» (Auf dem deutschen Obersaxen – weil es sich um eine Walserkolonie mitten im romanischen Gebiet handelt) aussprechen, ohne dass ein einziges Kügelchen hinausfiel.

Lobpreisung opulenter kulinarischer Tradition Romanischbündens und zur Satire über die dekadente moderne Hausfrau, die die alten Speisen nicht mehr kennt. Was da an Gerichten aufgezählt wird, ist – obschon einige davon in Vergessenheit geraten sind – nur schon von den Namen her köstlichste romanische Poesie:

Latg entir cun paun manizzau e grassas bugliarsas,
Brodas che schavan plantar lien il tschadun sc'ina petga,
Fermentins e malfatgs, flutgets e capuns neghentai en pischada,
Gnocs e pleins, tagliarins e bizochels barsai tut en gratta,
Hosis e spitgs dad alp, fermentuc, tschagruns e cugliadas,
Carns da spinal e schambun, andutgels cotschni e ligiongias
E mintgaton in quart veritabel vin da Valtlina:
Quei ei stau tier mei l'usitada maniera da viver,
Stevel bein, vegnevel grass e sundel otgonta;
Er mia glieud ha fluriu e teniu il miedi ord casa.

Vollmilch mit Brotbrocken und fettes Schmalzmus,
Suppen, in denen der Löffel wie ein Pfosten aufrecht steckenblieb,
Fermentins (in Milch gekochte Klösschen) und *malfatgs* (Maisknödel), *flöchets* und in Butter ertränkte *capuns,*
Gnocs und Hafenknollen, Nudeln und gebratene Pizokel mit Kruste,

Hosi (Zigerschmarren) und *Alpen-Spitg* (Rahm und Mehl in Butter gebraten), *fermentuc* (Ziger mit Brot in Butter gebraten), Ziger und Quark,
Schweinsrückenstück und Schinken, rötliche Bauernsalsize und Hauswürste
Und manchmal einen Viertel echten Veltliner Wein:
Das war für mich die gewohnte Lebensart,
Es ging mir gut, ich wurde dick und bin nun 80jährig;
Auch meine Angehörigen gediehen und der Arzt blieb ausser Haus.

Jedes Gericht hat seine Geschichte und erzählt davon, wie die Menschen in dieser Alpenregion mit den ursprünglich vorhandenen oder später eingeführten Nahrungsmitteln wie etwa der Kartoffel umgegangen sind und aus der Natur eine spezifische Kultur entwickelt haben. Im Zusammenhang mit dieser häufig sehr kreativen Anpassung der Ernährungsgrundlagen an die sich ändernden Bedürfnisse der Bevölkerung, die als eigentliche Kochkunst bezeichnet werden kann, muss auch die Auswanderung der Bündner als Zuckerbäcker in fremde Länder gesehen werden. Der wirtschaftliche Erfolg der Zuckerbäckerei führte schon früh zu einer eigentlichen Emigrationswelle. In den Zuckerbäckermatrikeln von Venedig wird schon im Jahre 1493 festgehalten, dass viele «da Agnelina», aus dem Engadin, und anderen Orten im Begriffe seien, den einheimischen Venezianern ihr Handwerk zu ruinieren.

Reisepass für Augusto Scartazzini, «pâtissier, demeurant à Rochefort, allant à Bondo.» La Rochelle, 3. 10. 1812.

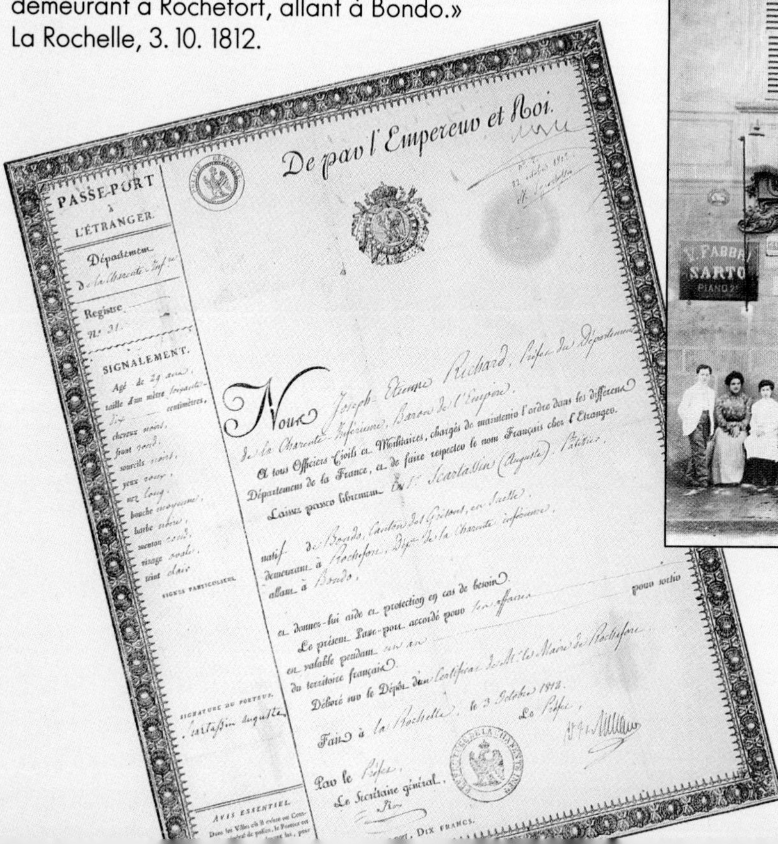
De par l'Empereur et Roi.
PASSE-PORT à L'ÉTRANGER.
Département
Registre
SIGNALEMENT.
Nous
A tous Officiers Civils et Militaires, chargés de maintenir l'ordre dans les différens Départemens de la France, et de faire respecter le nom Français chez l'Etranger.
Laissez passer librement
natif
demeurant à
allant à
et donner lui aide et protection en cas de besoin.
Le présent Passe-port accordé pour
valable pendant
Délivré sur
Fait à
AVIS ESSENTIEL.

Confiserie von Festa Pult in San Giovanni, Val d'Arno (Toskana).

Bis zum 18. Jahrhundert hatten die Bündner gewissermassen ein Kaffeehausmonopol erreicht, und nur eine restriktive Ausländerpolitik zwang sie zur Rückkehr in ihre Heimattäler, wo sie die Speisezettel mit neuen Gerichten bereicherten. Dazu zählt auch die heute als fast klassisch zu bezeichnende Nusstorte. Wahrscheinlich lässt sich das sprichwörtliche diplomatische Geschick der Bündner, wie es sich heute im Tourismus zeigt, auf die Erfahrungen dieser Kulturkontakte zurückführen. Simeon Caratsch (1826–1891) beschrieb diese Entwicklung schon vor über 100 Jahren:

Bain tschert nu füss nossa valleda
La California dal Chantun.
Quetaunt nu füss'la mê dvanteda
Scha be chaschöl, painch e tschigrun
L'Engiadinais vess fat adüna
Sainz'ir pel muond tscherchand furtüna.

Sicherlich wäre unser Tal nicht das bündnerische Kalifornien geworden. Das wäre es nie geworden, wenn der Engadiner immer nur Käse, Butter und Ziger produziert hätte, ohne in die Welt zu gehen, um dort sein Glück zu suchen.

Dieser rege Kulturaustausch führte zu Merkwürdigkeiten, wie wir sie in einem alten Rezeptbuch finden, wo es bei der Anleitung für die Zubereitung eines Ragouts heisst: «... und wenn möglich auch eine Trüffel, aber im Engadin findet man ja keine.» Was wir aber im Engadin und in ganz Graubünden finden, sind Legenden und Erzählungen, die mit Speisen in Zusammenhang stehen.

Auf ziemlich grobe Art wird uns beispielsweise geschildert, wie Alesch d'Uina nächtlicherweise vier lebende Jungkatzen verspeist in der Meinung, er esse das Fleisch aus einer Gerstensuppe. Oder wir erfahren, wie anlässlich der Überquerung des Panixerpasses durch die russische Armee unter General Suworow die noch heute im Vorderrheintal so genannten «russers» entstanden, ein Gericht aus Kartoffeln, Ziger und viel Butter, das die erschöpften Russen aus den vorgefundenen Lebensmitteln improvisierten. Oder wie der *crap forà,* der durchlöcherte Felsen bei Martina, zu seinem Namen kam: Frau Boscha aus Tschlin im Unterengadin hatte die geniale Idee gehabt, statt verschiedene kleinere einen einzigen Maiskloss in der Suppe zu kochen. Als sie bei ihrem Mann auf dem Felde angelangt war, stellten die beiden fest, dass der *umpli,* wie diese in Tschlin bekannten Klösse heissen, nicht mehr aus dem Suppentopf herausgenommen werden konnte, da er aufgequollen war. Lieber den Topf zerbrechen als den Kloss! Gesagt, getan.

Der Maisknödel aber begann den Hang abwärts zu rollen, immer mehr Heu blieb daran kleben, bis er zur Steinlawine wurde, einen Felsen durchlöcherte und schliesslich den Inn während dreier Tage und Nächte staute.

Bündner Familiennamen wie Foffa, Paunilat, Pettapaun, Biscott, Palauna und Bafetta sind von Bezeichnungen von Nahrungsmitteln abgeleitet. Ein *bizoccal* kann ein Dummkopf sein, aber auch ein Knirps, der auch als *gnoc* oder *gnocla* bezeichnet wird. Die Wurstbezeichnung *andutgel* bezeichnet ebenfalls einen kleinen, dicken Mann. Die *put in gromma,* ein Rahmbrei, ist sogar dem *puter,* der offiziellen Bezeichnung für die im Oberengadin gesprochene Variante des Romanischen, Pate gestanden.

Speisen aus Mutters Küche, die den Alltag auf die verschiedenste Weise prägen, bedeuten für den einzelnen einen wesentlichen Teil der Bindung an die Heimat. Der verwöhnte Gourmet-Tourist auf dem Dachrestaurant des World Trade Centers in New York City denkt beim Verspeisen der *Viande sêchée des Grisons* an etwas anderes als der Bündner, der sich dabei an einen Jagdtag erinnert, als er auf dem grasbewachsenen Abhang eines Berggipfels ein mit dem Taschenmesser geschnittenes Stück getrockneter Hirschbinde als Zwischenverpflegung zu sich nahm. Und so können auch in Kuala Lumpur bei einem Nachtessen der Bündnerkolonie verspeiste *maluns* die ganze Heimat vergegenwärtigen. Rätoromanische Identität spiegelt sich nicht nur im Sprachgebrauch, sondern auch im Wohlklang der Namen und in den Assoziationen, die Begriffe wie *capuns, fuatscha* und *plain in pigna* auslösen.

Zu Spezialitäten wurden und werden diese Gerichte allerdings erst in der Fremde – oder wenn sie für Fremde zubereitet werden! Nachdem in den letzten Jahrzehnten die wirtschaftliche Entwicklung zur Konsumgesellschaft sich auch auf die Alpentäler ausdehnte, erstaunt es nicht, dass einzelne traditionelle Speisen in Graubünden und anderswo in Vergessenheit gerieten. Für Gäste, deren touristische Ansprüche auch eine kulturelle Dimension aufweisen, haben aufgeschlossene Hoteliers und dynamische Küchenchefs schon seit einigen Jahren ihre Speisekarte mit einheimischen Gerichten angereichert. Natürlich ist die Zubereitung dem heutigen Geschmack angepasst. Die Originalrezepte waren auf die strenge Feldarbeit ausgerichtet und deswegen sehr reichhaltig bemessen. Auch die Sprichwörter «Mincha trat ha sia saschun» (Jede Speise hat ihre Jahreszeit) und «Tut dil nies; dalla

Zu den besten Fleischstücken, die an der Luft getrocknet werden, gehören *la puolpa* (die Binde) und *il schambun* (der Schinken). Neben dem Kanton Tessin kennt in der Schweiz nur Graubünden eine reichhaltige Auswahl an verschiedenen Trockenfleisch- und Wurstsorten.

vacca e da noss èrs» (Alles vom Unsrigen; von der Kuh und von unseren Äckern) werden in dieser Form heute nicht mehr beherzigt. Und vielleicht wird ein Gericht gar mit einer Trüffel verfeinert . . .

Diese Neubesinnung der Gastronomie auf die einheimischen Grundlagen und Traditionen kann zu einer neuen Wertschätzung der vertrauten Speisen in der lokalen Bevölkerung führen und so der Fast-Food-Welle, für die die Rätoromanen schon den Begriff *pavel cuort* (Kurzfutter) geschaffen haben, ein erweitertes Bewusstsein für die traditionelle Kochkultur entgegensetzen. Der Volkskundler Richard Weiss schrieb vor bald 50 Jahren: «Die traditionelle Eigenart der einzelnen Gegenden der Schweiz hat sich in der Ernährung *trotz* der berühmten internationalen Hotelküche recht gut erhalten.» Er konnte damals nicht ahnen, dass dieser Satz heute so zu modifizieren wäre: «Die traditionelle Eigenart der einzelnen Gegenden der Schweiz erhält sich in der Ernährung teilweise *wegen* der an der regionalen Kochtradition interessierten Hotelküche recht gut.» Was sich hingegen nicht geändert hat und einst wie jetzt die gleiche Gültigkeit besitzt, ist die Erkenntnis, dass gutes Essen und guter Wein alles zu einem guten Ende führt: «Mangia bain e baiva vin, schi vain tuot a buna fin.»

VORSPEISEN

«Quai chi ais bun per l'ögl
ais eir bun pel bögl»

«Quai chi ais bun per l'ögl
ais eir bun pel bögl»

«Was für das Auge gut ist, ist auch für den Magen gut».

An dieses romanische Sprichwort werden wir erinnert, wenn wir uns den Vorspeisen auf den folgenden Seiten zuwenden. Allerdings wurden diese früher als Hauptgerichte aufgetischt, wie auch die Bündner Küche den Begriff Beilage als solchen nicht kannte. Im Engadin beschränkte man sich auf den Ausdruck «cun alch pro» (mit etwas dabei), also ganz im Gegensatz etwa zum Italienischen, wo mit den «contorni» die Mahlzeit eigentliche «Konturen» bekommt.

Mehlspeisen und verschiedene Arten der Kartoffelzubereitung ergaben die ergänzenden Gerichte zu Suppen, Fleisch und Käsespeisen. Die Kartoffeln bildeten seit ihrer Einführung gegen Ende des 18. Jahrhunderts eines der Hauptnahrungsmittel des Bündner Bergbauern. Im Oberengadin heissen sie *ardöffels* (aus dem Schweizerdeutschen Herdöpfel), im Unterengadin nach dem französischen Vorbild *mailinterra,* in Rheinischbünden *truffels* (und in der Tat wird den Sursilvanern nachgesagt, dass sie Kartoffeln wie Trüffel verehren!). Ein humoristischer Vergleich verspottet aber auch die Engadiner, wenigstens die Männer: «Ils homens sun sco

Plain in pigna, die bündnerisch-eigenständige Kartoffelspezialität mit dem heimischen Speck und Salsiz.

Nur sprachgeschichtlich mit der Pizza verwandt sind die Pizokel, das währschafte Bündner Gericht, das im ganzen Kanton verbreitet ist und dem Churer Hausberg seinen Namen gegeben hat.

la mailinterra: I drivan ils ögls pür cur chi sun aint illa merda.» (Die Männer sind wie die Kartoffel: Erst wenn sie im Dreck stecken, öffnen sie die Augen).

Vielleicht diente dieser Spottvers den Frauen als Rache, denn sie alleine mussten die Küchenarbeit besorgen. Wieder gibt ein Sprichwort ein beredtes Zeugnis davon ab: «Painch scuflà, farina biattada e lana s-charplinada nun esa da muossar als homens» (Was den Männern nicht zu zeigen ist: Zerlassene Butter, gebeuteltes Mehl und gezupfte Wolle). Auch in den Walserischen Siedlungsgebieten war die Frauenarbeit anscheinend klar definiert, wie diese Sprichwort-Variante aus Davos zeigt:

«we ds Wib tuot buche und zettlen und bache,
söll schi dr Mann zum Huus us mache.»

ARDEZER FLEISCHTORTE

Tuorta da charn da Tumasch d'Ardez

Zutaten für 8 bis 10 Personen:

320 g	*Kalbfleisch (vom Ragoutstück)*
320 g	*Schweinefleisch (vom Ragoutstück)*
180 g	*grüner Speck*
70 g	*geräucherter Speck*
50 g	*Geflügelleber*
70 g	*Champignons, geputzt*
100 g	*Apfelschnitze*
2 EL	*Erdnussöl*
3 EL	*Madeira (portugiesischer Süsswein)*
3 EL	*Malanser Weinbrand (Cognac)*
¾ EL	*Salz*
1 Zweig	*Thymian*
2 Blatt	*Salbei*
½ Blatt	*Lorbeer*
2	*Eier, verquirlt*
1 dl	*Rahm*
100 g	*Sultaninen*
100–150 g	*dünne Spickspeckscheiben*

Vorbereiten: Eiswürfel bereithalten. Sultaninen einweichen.

Zubereiten: Fleisch- und Speckstücke in gleich grosse, zirka 40 g schwere Stücke schneiden und im sehr heissen Erdnussöl kurz anbraten. Geflügelleber, Champignons und Äpfel ebenfalls beigeben und mitdünsten. Mit dem Madeira und Malanser Weinbrand ablöschen und flambieren. Würzen mit Salz, Thymian, Salbei und Lorbeer. Masse erkalten lassen und durch die feinste Scheibe der Hackmaschine drehen. In einer auf Eiswürfeln gekühlten Schüssel Eier und Rahm unter die Fleischfarce arbeiten. Eingeweichte Sultaninen daruntermischen.
Terrinenform mit den Spickspeckscheiben exakt auslegen. Fleischmasse einfüllen und mit einem Esslöffel flachdrücken, damit keine Hohlräume entstehen. Speckscheiben einschlagen. Terrinendeckel aufsetzen.
Die Fleischtorte im Ofen im Wasserbad bei zirka 160 Grad während 45 bis 60 Minuten pochieren. Terrine in der Form erkalten lassen.

Anrichten: Gestürzte Fleischtorte in 1 cm dicke Tranchen schneiden. Mit «Blumenstielen» aus Lauch, einem mit Preiselbeeren gefüllten Apfel und geviertelten Essigzwetschgen (Rezept Seite 139) kann ein gefälliger Teller angerichtet werden.

«Saramonas giò Dardez – Fuatschas grassas sü Zernez.» So tönt ein alter Spottvers, der besagt, dass in Ardez (Dardez ist der alte Dorfname) eher Komplimente ausgesprochen werden, als dass der Hungrige auf seine Rechnung kommt (*saramonas* leitet sich von Zeremonien ab!), während es in Zernez Fuatschas grassas gibt, wie sie auch in diesem Buch aufgeführt sind. Allerdings straft die *Tuorta da charn da Tumasch* (ein romanischer Thomas, von dem weiter nichts bekannt ist) diesen Vers Lügen.

GERÄUCHERTES VON POULET UND ENTE AUF PILZSALAT

Charn fümantada da pulaster e dad onda sün üna salata da bulais frais-chs

Zutaten:

250 g	*Pouletbrust, ausgelöst und pariert*
250 g	*Entenbrust, ausgelöst und pariert*
8 g	*Nitritsalz (beim Metzger erhältlich)*
⅓	*Knoblauchzehe, fein gehackt*
1	*Lorbeerblatt, gehackt*
	Pfeffer

Für den Pilzsalat:

200 g	*verschiedene Pilze*
4 EL	*Sonnenblumenöl*
2 EL	*Johannisbeeressig*
	Salz, Pfeffer
4–8	*Salatblätter*

Vorbereiten: Poulet- und Entenbrust mit den Gewürzen einreiben. 24 Stunden marinieren. Beim Metzger bei 60 bis 80 Grad zirka 1 Stunde räuchern lassen.

Zubereiten: Pilze putzen, grosse kleinschneiden. Pilze samt Öl und Essig aufkochen und mit Salz und Pfeffer würzen.

Anrichten: Geräuchertes Fleisch aufschneiden und zusammen mit den Salatblättern und dem nach Belieben halbwarmen Pilzsalat auf Teller anrichten.

Erstaunlicherweise wurden früher in Bünden Pilze von den Einheimischen kaum gegessen. Die meisten romanischen Pilznamen mussten deshalb erst in neuerer Zeit geschaffen werden. Eine Ausnahme bildeten die in der Volksmedizin benützten Pilze wie Bovist, Fliegenpilz und verschiedene Stockschwammarten.
Der Pilz als Vergleichsobjekt hingegen ist populär in Redewendungen wie «crescher sco ün bulai» (schnell wachsen) oder als Ausdruck für ein pralles Kindergesicht «tais sco ün bulai».

KANINCHEN- UND HASENRÜCKENFILET-SALAT

Salata da rain da cunigl e da leivra

Zutaten:

200 g	*Kaninchenrückenfilet, pariert und ausgelöst*
200 g	*Hasenrückenfilet, pariert und ausgelöst*
	Salz, Pfeffer
	Feldsalat (Nüsslisalat)
1 dl	*Traubenkernöl*
3 EL	*Rotweinessig*
	Salz, Pfeffer
1 Prise	*Zucker*
1	*kleiner Apfel*
einige	*Preiselbeeren*

Zubereiten: Die beiden Filets mit Salz und Pfeffer würzen. Kaninchenrückenfilet im heissen Öl saftig braten (beidseitig 2 bis 3 Minuten). Hasenrückenfilet halb durchbraten (beidseitig 1½ Minuten). Fleisch warm stellen.
Aus dem Traubenkernöl, dem Rotweinessig, Salz, Pfeffer und der Prise Zucker eine Sauce mischen.

Anrichten: Fleisch tranchieren und mit dem Feldsalat dachziegelartig anrichten. Mit der Sauce beträufeln. Apfel schälen und in Streifen schneiden. Als Garnitur verwenden. Preiselbeeren im Zuckerwasser aufkochen, abtropfen lassen und rundum anrichten.

Aus den sprachlichen Formen in den rätoromanischen Varianten lässt sich ableiten, dass das Kaninchen als Haustier verhältnismässig spät und auf verschiedensten Wegen in Romanischbünden eingeführt worden ist. Sowohl der Flurname auf dem Gemeindegebiet von Klosters «Chüngellochwald» wie auch eine Beschreibung aus dem 16. Jahrhundert zeigen uns aber, dass das wilde Kaninchen früher neben dem Hasen in unseren Gegenden heimisch war:
«Diese Tiere kommen auch in Rätien an einigen Orten, nicht überall, in hervorragend grosser Zahl vor, und dort werden sie, wie in deutscher Sprache Künigle, so in der rätischen *cunigls* geheissen, nach den Gängen (cuniculi), die sie unter dem Boden ziehen.»

KALBSZUNGE UND PANIERTER KALBSKOPF AUF GEMÜSE-VINAIGRETTE

Lengua da vadè e cheu da vadè panà sün salata da verdüra

Zutaten:

300 g	*Kalbszunge gekocht, enthäutet*
200 g	*Kalbskopf, gekocht*
	Mehl
1	*Ei*
	Brotbrösel
20 g	*Butter*

Für die Gemüsevinaigrette:

20 g	*Sellerie*
20 g	*Lauch*
20 g	*Karotten*
30 g	*Essiggurken*
30 g	*Tomaten*
1 dl	*Sonnenblumenöl*
5 EL	*Sherry-Essig*
	Salz, Pfeffer

Zubereiten: Kalbszunge mit der Maschine oder von Hand längs in feine Tranchen schneiden. Kalbskopf in Stücke von zirka 2 × 3 cm schneiden. Diese zuerst in Mehl, dann in Ei und in den Brotbröseln wenden. In der Butter knusprig braten und warm stellen.
Für die Gemüsevinaigrette Sellerie, Lauch und Karotten in Brunoise schneiden und im Salzwasser überwallen. Wasser weggiessen. Tomate kurz in heisses Wasser eintauchen, enthäuten, entkernen und in kleine Würfelchen schneiden. Essiggurken ebenfalls in Würfelchen schneiden. Aus dem Sonnenblumenöl und dem Sherry-Essig eine Sauce anrühren, mit Salz und Pfeffer abschmecken. Sämtliche Gemüse mit der Sauce mischen.

Anrichten: Zungenscheiben in der oberen Hälfte des Tellers fächerartig anordnen. Gemüsevinaigrette darunter anrichten. Warm gestellte Kalbskopfstückchen daraufgeben.

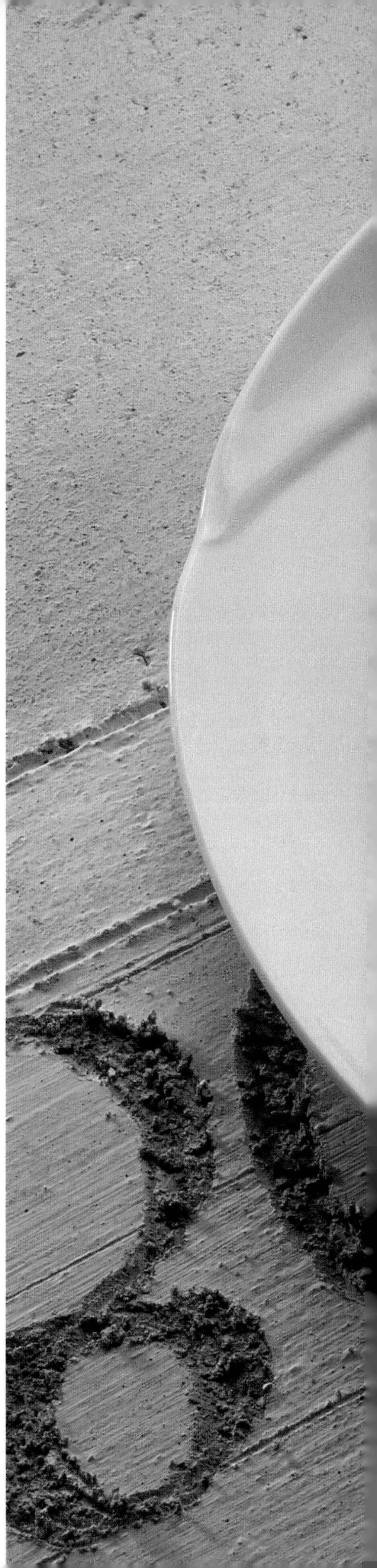

IN VELTLINER ROTWEIN GEBEIZTES RINDFLEISCH

Charn da bouv marinada aint in vin cotschen da vuclina

Zutaten:

450 g	*Rindshohrücken*
6 dl	*Veltliner Rotwein*
20 g	*Nitritsalz (beim Metzger erhältlich)*
1	*Lorbeerblatt, gehackt*
2	*Nelken*
8	*Pfefferkörner, zerdrückt*
1 l	*Fleischbrühe*
80 g	*Chinakohl*
60 g	*Karotten*
60 g	*Kohlrabi*
60 g	*Zucchetti*
	Salz, Pfeffer
5 EL	*Sonnenblumenöl*
2 EL	*Himbeeressig*
4	*Kopfsalatblätter*
80 g	*getrocknete Hülsenfrüchte (Kichererbsen, rote und weisse Bohnen, Erbsen)*
1 TL	*Schalotte, fein gehackt*
1 Bund	*Schnittlauch, fein geschnitten*

Vorbereiten: Rindshohrücken völlig zugedeckt in der Marinade aus Rotwein, Nitritsalz, Lorbeer, Nelken und Pfefferkörnern mindestens 7 bis 8 Tage im Kühlschrank lagern.
Hülsenfrüchte am Vortag im Wasser einweichen.

Zubereiten: Fleisch zusammen mit der Marinade und der Fleischbrühe während 1 bis 1½ Stunden auf kleinem Feuer weich kochen. Zwischendurch abschäumen und abfetten. Hülsenfrüchte im Salzwasser zirka 1 Stunde weich kochen. Chinakohl in grobe Streifen schneiden. Karotten, Kohlrabi und Zucchetti in Julienne schneiden. Sämtliches Gemüse im Salzwasser blanchieren. Wasser weggiessen. Aus Sonnenblumenöl und Himbeeressig eine Sauce rühren. Die Hälfte davon mit dem Gemüse mischen. Die andere Hälfte mit den Hülsenfrüchten und den Schalotten mischen.

Anrichten: Gemüse- und Hülsenfrüchtesalat auf die Salatblätter anrichten. Rindshohrücken in Tranchen schneiden und ebenfalls auf die Teller geben. Fleisch mit restlicher Salatsauce beträufeln. Mit dem Schnittlauch garnieren.

Die Weine aus dem benachbarten Veltlin mit klingenden Namen wie «Sassella», «Inferno», aber auch «Paradiso», erfreuen sich in Graubünden grösster Beliebtheit. Da dieses fruchtbare oberitalienische Tal von 1512 bis zum Untergang des Freistaates der Drei Bünde am Ende des 18. Jahrhunderts bündnerisches Untertanengebiet war, heisst es im Volksmund, die Bündner würden das Veltlin heute wieder «Schluck um Schluck» zurückerobern.

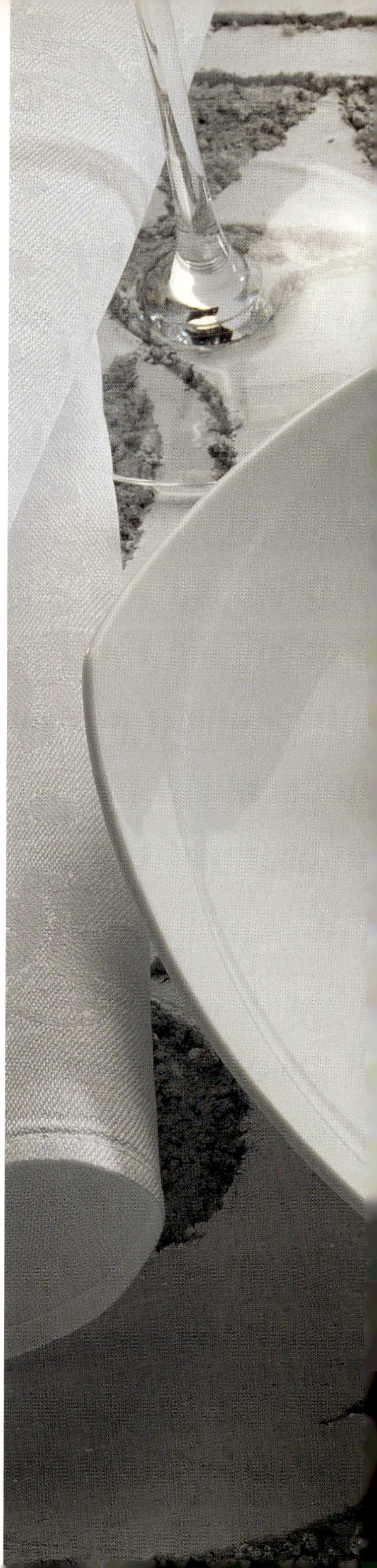

GERÄUCHERTES VON STEINBOCK UND GEMSE

Charn fümantada da capricorn e da chamuotsch

Zutaten:

270 g	*Gemsrückenfilet, pariert*
270 g	*Steinbockrückenfilet, pariert*

Für die Gewürzmischung:

9 g	*Nitritsalz (beim Metzger erhältlich)*
½	*Knoblauchzehe, gepresst*
2	*Nelken*
8	*Wacholderbeeren, zerdrückt*
½	*Lorbeerblatt, gehackt*
	Pfeffer

Für die Essigzwiebelchen:

100 g	*Saucenzwiebelchen*
0,5 dl	*Apfelweinessig*
1 dl	*Wasser*
1	*Prise Salz*
4	*Salatblätter*
2 EL	*Sonnenblumenöl*
1 EL	*Apfelweinessig*
	Salz, Pfeffer
60 g	*Preiselbeeren, frisch oder gefroren*
2 EL	*Zucker*
1 EL	*Portwein*

Vorbereiten: Die beiden Filets mit der Gewürzmischung einreiben und mindestens 24 Stunden im Kühlschrank marinieren. Beim Metzger bei 60 bis 80 Grad zirka 1 Stunde räuchern lassen.

Zubereiten: Saucenzwiebelchen im Apfelweinessig, mit 1 dl Wasser und einer Prise Salz vermischt, zirka 8 Minuten köcheln. Flüssigkeit weggiessen. Preiselbeeren mit dem Portwein und dem Zucker aufkochen.

Anrichten: Salatblätter auf Teller verteilen. Aus dem Sonnenblumenöl, dem Apfelweinessig, Salz und Pfeffer eine Sauce rühren. Zwiebelchen auf die Salatblätter legen und mit der Salatsauce beträufeln. Geräuchertes Fleisch aufschneiden und gefällig anrichten. Mit den Preiselbeeren garnieren.

Die Preiselbeeren «löschen den Durst wunderbar, erfrischen die Lebensgeister, stärken das Herz, stillen Blutungen, hindern die Vereiterung und wirken zusammenziehend» gemäss volksmedizinischer Tradition.

SURSILVANER KRAUTWICKEL

Capuns sursilvans

Zutaten:

150 g	*Weissmehl*
0,5 dl	*Milch*
2	*Eier, verquirlt*
1 Prise	*Salz*
20 g	*Magerspeck, fein gewürfelt*
20 g	*Salsiz, fein gewürfelt*
20 g	*Bündnerfleisch, fein gewürfelt*
10 g	*Lauch, fein gewürfelt*
20 g	*Zwiebeln, fein gehackt*
10 g	*Butter*
wenig	*Rosmarin, Petersilie und Basilikum, frisch, fein gehackt*
40	*junge Stielmangoldblätter*
1 EL	*Butter*
2 dl	*Bouillon*
1 dl	*Rahm*
20 g	*Rohschinken*

Zubereiten: Für den Teig Mehl und die Prise Salz (auf keinen Fall mehr, da die übrigen Zutaten recht salzig sind) in eine Schüssel geben. Milch und Eier mischen und nach und nach unter das Mehl rühren. Teig solange schlagen, bis er Blasen wirft. Teig eine halbe Stunde ruhen lassen.
Magerspeck, Salsiz, Bündnerfleisch, Lauch und Zwiebeln in der Butter dünsten. Kräuter kurz mitdünsten. Mischung unter den Teig rühren.
Stielmangoldblätter kurz blanchieren und im kalten Wasser (wenn möglich mit ein paar Eiswürfeln) abkühlen lassen. Blätter auf ein Tuch ausbreiten und trockentupfen.
Einen Kaffeelöffel Füllung auf jedes Blatt geben. Zu Wickeln einrollen. Krautwickel in Butter kurz anbraten. Mit der Bouillon ablöschen. Rahm beigeben und zirka 5 Minuten köcheln lassen.

Anrichten: Krautwickel auf Teller anrichten und mit dem gebratenen Rohschinken bestreuen. Zu den Capuns kann geriebener Käse serviert werden.

Der Name dieser heute vor allem dem Vorderrheintal zugeordneten Mehlspeise leitet sich ab vom Bilde des gemästeten, gebratenen und gefüllten Hähnchens, im Rätoromanischen mit dem Begriff *capun* oder *chapun* bezeichnet. Diese «Krautkapaunen» werden in den verschiedensten Varianten zubereitet. Als besonders originell seien hier die *capuns cun olma* (Capuns mit Seele) aus Flond erwähnt, wo man ein Stückchen Butter in die Mitte des Klosses legt. Die Butter schmilzt anschliessend, und so entsteht im Innern ein Loch, eben die *olma.*

DAVOSER KRAUTKRAPFEN

Zutaten:

80 g	*geräucherter Speck, klein gewürfelt*
50 g	*Zwiebeln, fein gehackt*
1 Msp	*Knoblauch, gepresst*
20 g	*Butter*
250 g	*Blattspinat*
50 g	*Paniermehl*
1	*Ei, verquirlt*
0,5 dl	*Rahm*
	Salz, Pfeffer
350 g	*Nudelteig, gekühlt*
50 g	*Butter*
5 EL	*Krapfensud*
	Muskat und Pfeffer

Für den Nudelteig:

340 g	*Hartweizendunst*
3	*Eier, verquirlt*
1 ½ EL	*Olivenöl*
	Salz, Muskat

Vorbereiten: Für den Nudelteig die mit etwas Salz und Muskat gewürzten Eier und das Olivenöl unter den Hartweizendunst arbeiten und zu einem festen, elastischen Teig kneten. Mindestens ½ bis 1 Stunde in der Kühle in Klarsichtfolie gewickelt stehen lassen.

Zubereiten: Blattspinat blanchieren, gut ausdrücken und fein hacken. Speck, Zwiebeln und Knoblauch in der Butter dünsten. Spinat und Paniermehl dazugeben. Unter Rühren mit der Holzkelle kurz aufkochen. Pfanne von der Herdplatte ziehen. Ei und Rahm darunterrühren und mit Salz und Pfeffer würzen.
Nudelteig hauchdünn auswallen. Auf eine Hälfte in einem Abstand von 3 cm kleine Häufchen dressieren. Die Zwischenräume mit einem Backpinsel mit Wasser befeuchten. Die andere Teighälfte darüberschlagen und Zwischenräume von Hand gut andrücken. Mit einem runden Ausstecher Krapfen ausstechen. Im Salzwasser 3 bis 4 Minuten kochen lassen. Butter in einer Pfanne schmelzen, 5 EL Krapfensud dazugeben und die Krapfen darin schwenken. Mit Muskat und Pfeffer abschmecken.

Variante: Man kann auch viereckige Krapfen mit dem Teigrädchen schneiden. So bleiben keine Teigreste übrig.

KRAUTPIZOKEL

Bizoccals cun ravitscha

Zutaten Pizokelmasse:

200 g	*Mehl*
0,8 dl	*Milch*
2	*Eier, verquirlt*
15 g	*Bündnerfleisch*
15 g	*Salsiz*
20 g	*Lauch*
1 TL	*Butter*
	Salz und Muskat

Zutaten Gemüsemischung mit Speck:

60 g	*Magerspeck, in Streifen geschnitten*
1 Msp	*Knoblauch, gepresst*
15 g	*Schalotten, fein gehackt*
1 TL	*Butter*
120 g	*Wirsing (Wirz)*
100 g	*Spinat*
	Salz, Pfeffer, Muskat
0,8 dl	*Schlagrahm*

Zubereiten: Für die Pizokelmasse Mehl zusammen mit der Milch und den Eiern in eine Schüssel geben und zu einem glatten Teig rühren. Bündnerfleisch, Salsiz und Lauch in der Butter dünsten und unter den Teig mischen.
Für die Gemüsemischung Wirsing und grosse Spinatblätter (kleine Blätter ganz lassen) in grobe Quadrate schneiden und im Salzwasser überwallen. Gut abtropfen lassen. Magerspeckstreifen, Knoblauch und Schalotten in der Butter dünsten. Das Gemüse dazugeben.
Für die Pizokel Teig portionenweise auf ein Brett streichen und mit einem Spachtel in das siedende Salzwasser schaben. Sobald die Pizokel an die Oberfläche steigen, fischt man sie mit einer Schaumkelle heraus und gibt sie in die Krautpfanne. Nach Geschmack mit Salz, Pfeffer und Muskat nachwürzen. Den Schlagrahm darunterziehen und sofort servieren.

Schon 1799 werden die «Perzockeln» als Lieblingsgericht der Bündner Bauern an Festtagen bezeichnet. Der romanisch-italienische Ausdruck ist auch in ganz Deutschbünden verbreitet und hat sogar dem Churer Hausberg seinen Namen verliehen. Die Pizokel werden in den verschiedensten Varianten gegessen. Ohne Beilage heissen sie im Vorderrheintal «bizochels bluts». Wenn jemand einen Anstandsrest zurücklässt, heisst es im Engadin «far sco quel dal bizoccal», wie jener tun, der in der Schüssel einen einzigen Pizokel zurückliess.

TIROLER KNÖDEL

Canedels tirolais

Zutaten:

150 g	*Weissbrot (Schildbrot)*
30 g	*fetter Räucherspeck*
40 g	*Rindsrauchfleisch, gekocht*
10 g	*Butter*
1 dl	*Milch*
1	*Ei, verquirlt*
1 Bund	*Petersilie, gehackt*
	Muskat, Salz, weisser Pfeffer
200 g	*Weisskohlstreifen (Weisskabis)*
20 g	*Butter*

Für die Orangensauce:

1	*Orange, Saft davon*
1 TL	*Zucker*
2 dl	*Kalbsjus*
20 g	*Butterflocken, sehr kalt*
	nach Belieben Salz und Pfeffer

Vorbereiten: Für die Sauce Orangensaft mit dem Zucker auf ⅕ einkochen lassen. Kalbsjus dazugeben und auf kleinem Feuer 10 Minuten köcheln lassen. Unmittelbar vor dem Servieren die kalten Butterflocken in die kochende Sauce rühren. Eventuell mit Salz und Pfeffer nachwürzen.

Zubereiten: Für die Knödel Weissbrot in 1 cm grosse, Räucherspeck und Rindsrauchfleisch in ½ cm grosse Würfel schneiden. Ein Drittel der Brotwürfel zusammen mit dem Speck und dem Rauchfleisch in der Butter rösten. Erwärmte Milch, restliches Brot, verquirltes Ei und Petersilie beigeben und zu einer homogenen Masse kneten. Mit Muskat, weissem Pfeffer und sparsam mit Salz würzen. Die Masse in gebutterter Alufolie zu Rollen von zirka 5 cm Durchmesser formen und eingepackt rund 30 Minuten im Salzwasser pochieren. Rollen bis zum Anrichten in der Alufolie warm halten. Auspacken und in 2 cm dicke Scheiben schneiden.
Weisskohlstreifen in Butter weichdünsten und leicht würzen. Auf Teller anrichten und die Tiroler Knödel darauflegen. Eine Orangensauce passt ausgezeichnet zu diesem Gericht.

Sowohl die Speise wie auch ihr Name sind aus dem Tirol dem Inn entlang ins Engadin gedrungen. Der tirolerische Ausdruck *Knedel* ist durch Vokaleinschub der romanischen Lautung angepasst worden, die eine Verbindung *kn* nicht kennt. Und so hat auch die Speise selbst Eigenheiten erworben und kommt heute in den verschiedensten Formen vor, wobei darauf zu achten ist, dass das dafür verwendete Schildbrot (romanisch: *michal*) nicht allzu frisch sein darf.

HEINZENBERGER PILZKUCHEN

Zutaten:

400 g	*Pilze (Steinpilze, Eierschwämme, Kratarellen, Austernpilze, Semmelstoppel usw.)*
1 EL	*Schalotte, fein gehackt*
1 Msp	*Knoblauch, gehackt*
20 g	*Butter*
je 1 Zweig	*frischer Thymian und Majoran, Blättchen abgestreift*
	Salz und Pfeffer
1 dl	*Rahm*
1	*Eigelb*
300 g	*Blätterteig*
1	*Eigelb*

Zubereiten: Pilze waschen und in Scheiben schneiden. Mit den Schalotten und dem Knoblauch in der Butter dünsten. Kräuter beigeben und mit Salz und Pfeffer würzen.
Pilzfond in einer zweiten Pfanne auffangen. Rahm dazugeben und auf ¼ einkochen lassen. Sauce zu den Pilzen geben und das Eigelb unter die etwas ausgekühlte Pilzmischung rühren.
Blätterteig 3 mm dick ausrollen. Je 2 Rondellen von 15 cm und 18 cm Durchmesser ausstechen. Auf die beiden kleinen Rondellen die Pilze verteilen. Ränder frei lassen und mit wenig Wasser befeuchten. Grosse Rondellen daraufsetzen und etwas andrücken. Überlappenden Teig einschlagen. Pilzkuchen mit Teigresten verzieren und dem Eigelb bestreichen. Bei 200 Grad im vorgeheizten Ofen 15 bis 20 Minuten backen.

Anrichten: Vor dem Servieren halbieren. Eine leichte Rahmsauce rundet diesen Pilzkuchen harmonisch ab.

CHURER MÖRSERKÜCHLEIN

Zutaten:

200 g	*Mehl*
3 dl	*Bier*
	Salz, Pfeffer, Muskat
3	*Eiweiss*
	Öl zum Ausbacken (in Friteuse)
200 g	*Kalbsragout, sehr fein gehackt*
1 EL	*Petersilie, fein gehackt*
2 dl	*Rahm*
200 g	*Milken*

Vorbereiten: Eiswürfel bereithalten. Milken unter fliessendem kaltem Wasser eine Viertelstunde wässern.

Zubereiten: Für den Ausbackteig Mehl mit dem Bier glattrühren. Mit Salz, Pfeffer und Muskat würzen. Eiweiss mit einer Prise Salz steif schlagen und kurz vor dem Ausbacken unter den Bierteig heben.
Milken in Gemüsebouillon oder Salzwasser 20 bis 30 Minuten pochieren. Abkühlen lassen und in kleine Stücke zupfen.
Den Rahm und die Petersilie in einer auf Eis gekühlten Schüssel unter das Hackfleisch arbeiten. Mit Salz und Pfeffer würzen. Ausgekühlte Milken daruntermischen.
Fritieröl auf 170 Grad erwärmen. Mit zwei Suppenlöffeln Fleischklösse formen, diese in den Bierteig tauchen und für zirka 3 bis 5 Minuten im Öl langsam ausbacken.
Zu den Churer Mörserküchlein passen die verschiedensten Saucen: Sauce Tartare, Sauce Vinaigrette, Orangensauce, Rahmsauce, Bratenjus usw.

Tip: Die Ausbackzeit richtet sich nach der Grösse der Küchlein. Je grösser die Küchlein, um so tiefer muss die Backtemperatur sein, mindestens aber 150 Grad.

CHURER FLEISCHTORTE

Zutaten:

25 g	*Weissbrot*
0,75 dl	*Rahm*
75 g	*Schweinsvoressen*
75 g	*Kalbsvoressen*
50 g	*Fettspeck*
1 Zweig	*Majoran, Blättchen gezupft*
	Salz, Pfeffer
0,75 dl	*Rahm*
75 g	*Rindszunge, gekocht, klein gewürfelt*
300 g	*Blätterteig*
10 g	*Butter*
4	*Rindshuftschnitzel à 100 g*
1	*Eigelb*
1 dl	*Bratensauce, leicht gebunden*
20	*junge Maiskölbchen*
30 g	*Zucchettistreifchen*
20 g	*Butter*

Vorbereiten: Eiswürfel bereithalten. 4 Kuchenbleche von zirka 10 cm Durchmesser mit Butter einstreichen.

Zubereiten: Für die Füllung das Weissbrot in 0,75 dl Rahm einweichen. Fleisch und Speck dazugeben. Die Masse durch die feinste Scheibe der Hackmaschine treiben. Würzen mit Salz und Pfeffer und dem frischen Majoran. Restlichen Rahm (0,75 dl) in einer auf Eis gekühlten Schüssel unter die Fleischfarce arbeiten. Rindszungenwürfelchen dazugeben.
Blätterteig 2 mm dick ausrollen und je 4 Rondellen von 14 cm und 10 cm Durchmesser ausstechen. Bei den kleinen Rondellen in der Mitte ein Loch von 1 bis 2 cm Durchmesser ausstechen. Grosse Rondellen in die gebutterte Blechform legen. Rindshuftschnitzel 2 mm dünn klopfen und auf den Teig legen. Fleischfarce zu gleichen Teilen in die Formen verteilen. Überlappendes Rindfleisch einschlagen. Teigdeckel aufsetzen. Überstehenden Teig mit wenig Wasser befeuchten und auf dem Deckel andrücken. Fleischtorten mit Eigelb bestreichen und im vorgeheizten Ofen bei 210 Grad 20 bis 25 Minuten backen.
Maiskölblein im Salzwasser blanchieren und in der Butter glasieren. Zucchettistreifchen ebenfalls blanchieren.

Anrichten: Fleischtorte aufschneiden und auf Teller anrichten. Warme Bratensauce um die Fleischtorte giessen. Mit den Maiskölbchen und den Zucchettistreifchen garnieren.

TATSCH MIT PILZEN UND RINDFLEISCH

Tatsch cun bulais e charn zappada

Zutaten:

200 g	*Mehl*
3 dl	*Milch*
	Salz, Pfeffer, Muskat
4 EL	*Butter, erwärmt*
4	*Eier, verquirlt*
4 EL	*Butter zum Braten*
400 g	*Rindshuft oder Rindsfilet, klein gewürfelt*
1 EL	*Öl*
40 g	*Gemüsebrunoise (Karotten, Sellerie, Lauch usw.)*
1 EL	*Tomatenpüree*
0,5 dl	*Veltliner Rotwein*
2 dl	*Bratensauce, leicht gebunden*
	Salz, Pfeffer, Paprika
1 Zweig	*frischer Thymian, Blättchen gezupft*
100 g	*Pilze*
1 EL	*Butter*

Zubereiten: Mehl, Milch, Gewürze und warme Butter miteinander vermengen und zu einem dickflüssigen Teig rühren. Eier locker darunterziehen.
Rindfleisch im Öl saignant anbraten und mit Salz, Pfeffer, Paprika und frischem Thymian würzen. Fleisch aus der Pfanne nehmen und warm stellen. Gemüsebrunoise im Fleischfond dünsten und mit dem Tomatenpüree aromatisieren. Mit dem Rotwein ablöschen und auf die Hälfte einreduzieren lassen. Bratensauce beigeben. Nach Belieben nachwürzen. Fleisch in die Sauce geben und auf die Seite stellen. In wenig Butter die Pilze dünsten und mit Salz und Pfeffer abschmecken. In einer nicht klebenden Pfanne 4 EL Butter erwärmen. Teig hineingeben und beidseitig goldgelb backen. Mit der Holzkelle in kleine Stücke teilen.

Anrichten: Tatsch auf die Teller verteilen. Fleisch in der Sauce ganz kurz erwärmen und um den Tatsch anrichten. Pilze als Garnitur verwenden.

Tip: Anstelle der Huft oder des Filets kann auch ganz einfach Gehacktes verwendet werden. Dieses kann man allerdings nicht à la minute zubereiten, sondern muss es 20 bis 30 Minuten in der Sauce garen, unter Zugabe von zusätzlicher Flüssigkeit.

SUPPEN

«Zoppa da zotta da zanter»

So beschreibt der surselvische Epiker Giachen Caspar Muoth (1844–1906) aus Breil die Einleitung des Kirchweihfestessens zu Sogn Placi (11. Juli):

«Suppa sogn Placi, ni buc?» di Gioder cun pli gagliardia.
«Na,» replica la matta, «cheu maunca la vera mischeida.
Suppa sogn Placi consista ord giutta, arveglias e favas,
Cotgas en carn e cungidas cun sunscha culada.»
«Gie, da sogn Placi magliav'ins schiglioc la suppa castrada,»
Fa il vegliuord; «quei cheu ei rar sco sempla panada.»

«Sogn Placi Suppe, nicht wahr?» sagt Gioder mit männlichem Stolz.
«Nein», antwortete das Mädchen, «dafür fehlt die richtige Mischung.
Sogn Placi Suppe besteht aus Gerste, Kefen und Bohnen,
mit Fleisch gekocht und mit geschmolzener Butter (Schweineschmalz) übergossen.»
«Ja, früher ass man an Sogn Placi sonst eine dünne (eigentlich: kastrierte) Suppe», sagte der Alte; «diese hier ist so selten wie eine Brotsuppe.»

Die wohl verbreitetste Spezialität der traditionellen Kochkunst Graubündens ist die Gerstensuppe. Sie gehörte früher auf jeden rechtschaffenen Sonntagstisch, nachdem sie stundenlang auf kleinem Feuer gekocht hatte.

Die *panada* oder Brotsuppe war ursprünglich für Kranke bestimmt, entwickelte sich aber auch zu einer währschaften Suppe für Gesunde.

Die Gerstensuppe nimmt unter den Suppen die Stellung einer Königin ein. Jeweils am Sonntag wurde sie schon früh aufgesetzt und anschliessend liess man sie auf kleinem Feuer während des Kirchganges unbeaufsichtigt weiterkochen. Und dann gab es «zoppa da zotta da zanter» (Gerstensuppe zum Mittagessen), wie es so schön auf Bergüner Romanisch tönt.

In einer Chronik des 18. Jahrhunderts heisst es: «Die Engadiner können die Gerstensuppe einen sonderbaren, angenehmmen Gust machen, dergleichen man sonst keiner andern Orten findet.» Und: «Ich kan versichern, dass man in keinem Land wohlgeschmacktere Gersten Suppen isset als im Engadein.»

GERSTENSUPPE

Schoppa da giuotta

Zutaten:

20 g	*Zwiebeln*
30 g	*Lauch*
30 g	*Karotten*
10 g	*Sellerie*
15 g	*Rohschinken*
15 g	*Bündnerfleisch*
80 g	*grobe Rollgerste*
1 EL	*Butter*
1,5 l	*Bouillon*
	Salz, Pfeffer, Muskat
1,5 dl	*Rahm*
1,5 dl	*Schlagrahm*
1 Bund	*Schnittlauch, fein geschnitten*

Zubereiten: Gemüse und getrocknetes Fleisch in kleine Würfelchen schneiden und zusammen mit der Rollgerste in der Butter dünsten. Mit Bouillon auffüllen und etwa 1½ Stunden köcheln lassen. Falls nötig, mit Wasser verdünnen. Vorsichtig mit Salz, Pfeffer und Muskat würzen. Rahm beigeben und noch einmal aufkochen. Schlagrahm kurz vor dem Servieren darunterziehen.

Bemerkungen: Es kann auch ein Stück geräuchertes Rippli (geräuchertes Schweinefleisch) oder ein Stück Speck mitgekocht werden. In diesem Fall muss man mit dem Würzen und Salzen vorsichtig sein.
Eine Gerstensuppe ist, auch am Tag danach aufgewärmt, mindestens so gut wie frisch gekocht. Deshalb unsere Empfehlung: dieses Rezept in doppelter oder dreifacher Menge kochen.

Diese wohl verbreitetste Spezialität der traditionellen Kochkunst Graubündens – neben dem luftgetrockneten Bündnerfleisch – ist auch in den heimischen Küchen die klassische Bündner Suppe geblieben. Bis zum 2. Weltkrieg wurde die Rollgerste noch in den alten einheimischen Stampfmühlen hergestellt. Ein Volkslied beginnt mit folgenden Worten: «Tippa, tippa, teppa/La mamma ha nom Barbletta/Metta sur la giuotta/Licha la palotta» (Die Mutter heisst Barbletta, sie setzt die Gerstensuppe auf und schleckt die Kochkelle ab), was man wohl verstehen kann.

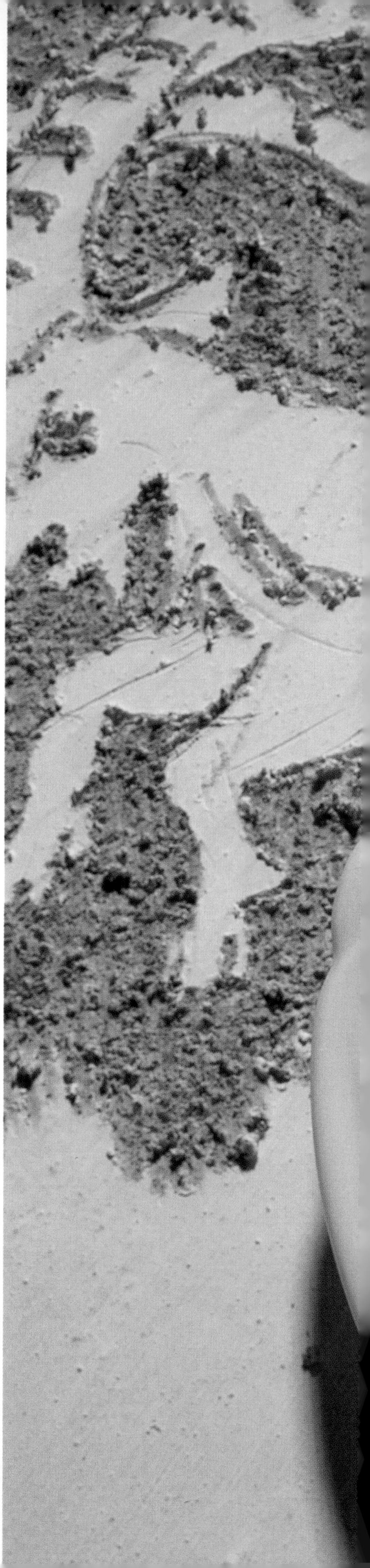

MÜNSTERTALER HIRNKLÖSSCHEN-SUPPE

Schoppa da canedels da tscharvè da la val Müstair

Zutaten:

60 g	*Kalbshirn*
60 g	*Weissbrot*
1 dl	*Milch*
1	*Ei, verquirlt*
	Salz, Pfeffer
1 TL	*Petersilie, fein gehackt*
15 g	*Mehl*

Für die Suppe:

20 g	*Karotten*
10 g	*Sellerie*
30 g	*Lauch*
20 g	*Zucchetti*
1 l	*Rindskraftbrühe*

Zubereiten: Das Kalbshirn gut wässern. Sehnen und Adern wegschneiden und grob hacken. Weissbrot in Würfel schneiden und in der Milch einweichen. Gut auspressen. Das Ei und die gehackte Petersilie mit dem Kalbshirn und dem Brot sowie dem Mehl vermengen und zu einem glatten Teig verarbeiten. Würzen.
Für die Suppe sämtliches Gemüse in 3 cm lange Streifen schneiden und in die Rindskraftbrühe geben. Aus der Farce 3 cm grosse Klösschen formen und in die kochende Brühe geben. Suppe 10 bis 15 Minuten köcheln lassen.

Tip: Je nach Konsistenz der Masse muss den Klösschen mehr oder weniger Mehl beigegeben werden.

BERGÜNER SIEDFLEISCHSUPPE

Zoppa da chern bugliegda da brauegn

Zutaten:

400 g	*Siedfleisch*
1,6 l	*Bouillon*
½	*grosse Zwiebel*
50 g	*Karotten*
30 g	*Sellerie*
50 g	*Lauch*
30 g	*Wirz*
40 g	*Zucchetti*
	Salz und Pfeffer
12	*Markscheiben, im Salzwasser pochiert*
1 Bund	*Schnittlauch*

Zubereitung: Die Zwiebel samt Schale auf einer heissen Herdplatte schwärzen. Siedfleisch in der Bouillon aufsetzen. Zwiebel beigeben. Eine Stunde auf kleinem Feuer kochen lassen. Von Zeit zu Zeit abschäumen und abfetten. Gemüse in gleichmässige Stücke schneiden und zirka 15 Minuten in der Fleischbrühe garen. Würzen mit Salz und Pfeffer.

Anrichten: Gemüse (ohne Zwiebel) in die Teller verteilen. Fleisch in dünne Tranchen schneiden und ebenfalls anrichten. Bouillon dazugiessen. Mit den Markscheiben und dem feingeschnittenen Schnittlauch garnieren.

«Buna suppa – carn da stuppa», Gute Suppe – Fleisch wie Werg (was beim Kämmen des Flachses oder Hanfs zurückbleibt). Gemeint ist, dass das Suppenfleisch gewöhnlich ausgekocht ist, wenn die Suppe munden soll. Neben *charn buglida* (im Titel in Bergüner Romanisch) nennt man im Romanischen das Siedfleisch auch *charn our da l'avna* (Fleisch aus dem Kochtopf) oder *charn our da l'aua* (Fleisch aus dem Wasser).

DOMLESCHGER PANADENSUPPE (BROTSUPPE)

Zutaten:

50 g	*Zwiebeln*
20 g	*Butter*
200 g	*Weissbrot, ohne Rinde*
1 l	*Bouillon*
	Salz, Pfeffer, Muskat
1–2	*Sied- oder Schweinswürste*
12	*dünne Brotscheiben*

Zubereiten: Zwiebeln in feine Ringe schneiden und in der Butter dünsten. Zerzupftes Brot dazugeben. Mit der Bouillon auffüllen und 10 Minuten köcheln lassen. Mit dem Schwingbesen gut verrühren. Würzen mit Salz, Pfeffer und Muskat. Würste in der Suppe oder in separater Pfanne heiss machen. In dünne Scheiben schneiden und als Suppeneinlage verwenden. Brotscheiben toasten und als Garnitur auf die Suppe legen.

Tip: Anstelle von Weissbrot kann auch ein Schwarzbrot oder sonst ein Spezialbrot verwendet werden. Kocht man die Brotrinde mit, gibt dies der Suppe einen urchigen Geschmack.

Die *panada* bezeichnet im Vorderrheintal noch heute eine leichte Brotsuppe (von *paun* abgeleitet), in die unter Umständen auch Milch oder Eigelb zugegeben wurde und die für Kranke bestimmt war. Dieses Rezept zeigt jedoch, dass sie sich im Domleschg zu einer währschaften Suppe für Gesunde entwickelte.

CHURER RISOTTOSUPPE

Zutaten:

15 g	*getrocknete Morcheln*
40 g	*Vialonereis*
10 g	*Butter*
1,2 l	*Rindskraftbrühe*
1 dl	*Rahm*
1	*Eigelb*
6 EL	*Schlagrahm*
	Salz, Pfeffer, Muskat
	Kerbelblättchen nach Belieben

Vorbereiten: Morcheln einige Stunden im kalten Wasser einweichen. Flüssigkeit abgiessen und dabei einen Deziliter für den Fond auffangen.

Zubereiten: Morcheln halbieren und unter fliessendem Wasser sehr gut waschen. Abtropfen lassen. In der warmen Butter zusammen mit dem Reis dünsten. Mit der Rindskraftbrühe auffüllen und zirka 20 Minuten köcheln lassen. Passiertes Morchelwasser und Rahm dazugeben. Suppe aufkochen. Eigelb mit dem Schlagrahm mischen und mit dem Schwingbesen unter die kochende Suppe schlagen. *Nicht mehr aufkochen.* Nach Belieben mit Salz, Pfeffer und Muskat nachwürzen. Suppe sofort anrichten und mit Kerbelblättchen garnieren.

LEICHT GEBUNDENE RINDSKRAFTBRÜHE MIT CAPUNS

Schoppa da capuns

Zutaten:
Rezept Capuns
siehe Vorspeisen Seite 34.
Für die Suppe brauchen wir ¼ der Rezeptmenge.

9 dl	*Fleischbrühe*
1 dl	*Rahm*
1	*Eigelb*
6 EL	*Schlagrahm*
	Muskatnuss, Salz

Zubereiten: Fleischbrühe zusammen mit dem Rahm aufkochen. Capuns 2 Minuten in der Brühe ziehen lassen. Capuns in die vorgewärmten Teller geben. Eigelb und Schlagrahm verrühren und unter die heisse Suppe schlagen. Mit Muskatnuss und Salz würzen. *Nicht* mehr kochen. Fleischbrühe in die Teller schöpfen und sofort servieren.

VALLER HIRSENSUPPE

Schoppa da panitscha da val Sogn Pieder

Zutaten:

1 TL	*Schalotte, fein gehackt*
1 TL	*Butter*
1 l	*Fleischbrühe*
30 g	*Hirseflocken*
20 g	*Bündnerfleisch, klein gewürfelt*
1 dl	*Rahm*
	Salz und Pfeffer
6 EL	*Schlagrahm*
40 g	*Zucchetti, klein gewürfelt*
½ TL	*Butter*

Zubereiten: Zucchettiwürfelchen in ½ TL Butter dünsten. Auf die Seite stellen. Schalotten in der Butter dünsten, Fleischbrühe und Hirseflocken beigeben und zirka 5 Minuten kochen. Bündnerfleisch und Rahm beigeben. Suppe aufkochen und mit Salz und Pfeffer würzen. Schlagrahm darunterrühren. In vorgewärmte Teller schöpfen, mit den Zucchettiwürfelchen garnieren und sofort servieren.

Diese dem Valsertal zugeordnete Suppenart führt uns zu den im Spätmittelalter nach Graubünden eingewanderten Walsern. Sie sind Nachbarn der Rätoromanen und dies bewirkte natürlich einen ständigen kulturellen Austausch, der sich auch im gastronomischen Bereich auswirkte. Im benachbarten Lugnez sagte man «buglia–panetscha, gliez las forzas rabetscha» (Hirsenbrei holt die Kräfte herbei). Dass die Spezialität in dieser Form nicht sehr alt sein kann, bezeugen die Zucchetti, die bis vor kurzem in Vals noch unbekannt waren.

ENGADINER HOCHZEITSSUPPE

Schoppa da nozzas engiadinaisa

Zutaten:

20 g	*geräucherter Speck*
½ TL	*Butter*
½ TL	*Schalotten, fein gehackt*
25 g	*Karotten*
10 g	*Sellerie*
30 g	*Lauch*
9 dl	*Fleischbrühe*
1 dl	*Rahm*
1	*Eigelb*
6 EL	*Schlagrahm*
2 Scheiben	*Weissbrot, ohne Rinde, fein gewürfelt*
1 TL	*Butter*
1 Bund	*Petersilie, fein gehackt*
	Salz, Pfeffer

Zubereiten: Geräucherten Speck, Karotten, Sellerie und Lauch in feine Streifen schneiden und zusammen mit den Schalotten in der Butter dünsten. Mit der Fleischbrühe ablöschen und solange kochen, bis das Gemüse gar ist. Rahm beifügen und erneut aufkochen. Mit Salz und Pfeffer würzen. Das Eigelb mit dem Schlagrahm mischen und unter die heisse Suppe rühren. *Nicht* mehr kochen. Brotwürfelchen in der Butter goldgelb backen.

Anrichten: Suppe in die vorgewärmten Teller schöpfen. Mit den Brotwürfelchen und der Petersilie garnieren.

Die Engadiner Hochzeitssuppe leitete das Festmahl ein, wie es früher im Hause des Bräutigams eingenommen wurde. Natürlich gibt es verschiedene Rezepte, wobei alle Eier (oder mindestens ein Eigelb) als Zugabe enthalten. Der Bräutigam durfte nach alter Sitte nicht am Tisch sitzen, sondern er musste die Pflichten des Mundschenks übernehmen. Neben der Braut sass der Pfarrer, der die verschiedenen Gänge einleitete, dafür aber auch eine Rede halten musste.

BRENNESSELSUPPE

Schoppa d'urtias

Zutaten:

40	*junge Brennesselblätter, mit Handschuhen gezupft*
½ TL	*Butter*
1 l	*Hühnerbouillon*
1 dl	*Rahm*
1	*Eigelb*
6 EL	*Schlagrahm*
	Salz, Pfeffer

Zubereiten: Brennesselblätter in der nicht zu heissen Butter ganz kurz dünsten. Mit der Hühnerbouillon ablöschen. Rahm beigeben und aufkochen lassen. Mit Salz und Pfeffer würzen. Schlagrahm und Eigelb mischen und unter die kochende Suppe rühren. *Nicht* mehr kochen. Sofort servieren.

Tip: Anstelle von Brennesseln können auch Kerbelblättchen, Liebstöckel oder Schnittlauch verwendet werden.

DAVOSER KARTOFFELSUPPE

Zutaten:

100 g	*geräucherter Speck, in kleine Stücke geschnitten*
40 g	*Zwiebeln, fein gehackt*
40 g	*Lauch, in dünne Streifen geschnitten*
50 g	*Reis*
½ TL	*Butter*
1,5 l	*Fleischbrühe*
200 g	*Kartoffeln, gewürfelt*
3 Blatt	*Liebstöckel*
	Salz, Pfeffer, Muskat

Zubereiten: In der Butter den Speck glasig dünsten. Zwiebeln, Lauch und Reis mitdünsten. Mit der Fleischbrühe ablöschen. Kartoffelwürfel beigeben und ½ Stunde köcheln lassen. Nach Belieben mit Salz, Pfeffer und Muskatnuss würzen. Angerichtete Suppe mit frischem, gehacktem Liebstöckel garnieren.

RINDSKRAFTBRÜHE

zirka 2 Liter

Zutaten:

750 g	*Siedfleisch vom Rind, mager*
500 g	*Rindsknochen*
3 bis 4 l	*Wasser*
2 TL	*Salz*
1	*Zwiebel, geschält, mit 3 bis 4 Nelken gespickt*
1 Bund	*Petersilie*
½	*Lauch*
50 g	*Sellerie*
1	*Tomate*
1	*Thymianzweig, klein*
1	*Lorbeerblatt*
10	*Pfefferkörner, zerdrückt*

Zubereiten: Fleisch und Knochen kurz unter fliessendem Wasser waschen und mit kaltem Wasser und dem Salz zum Kochen bringen. Will man das Fleisch nachher mit einer Sauce extra servieren, gibt man es erst ins *kochende* Salzwasser. Es bleibt so saftiger. Fleisch und Knochen etwa 1 Stunde köcheln lassen. Von Zeit zu Zeit abschäumen und abfetten. Gemüse und Gewürze zur Brühe geben und eine weitere Stunde köcheln. Sämtliche Zutaten aus der Suppe nehmen, und je nach Weiterverwendung warmstellen. Brühe durch ein feines Sieb oder ein Passiertuch giessen. Nach Bedarf würzen und entfetten.

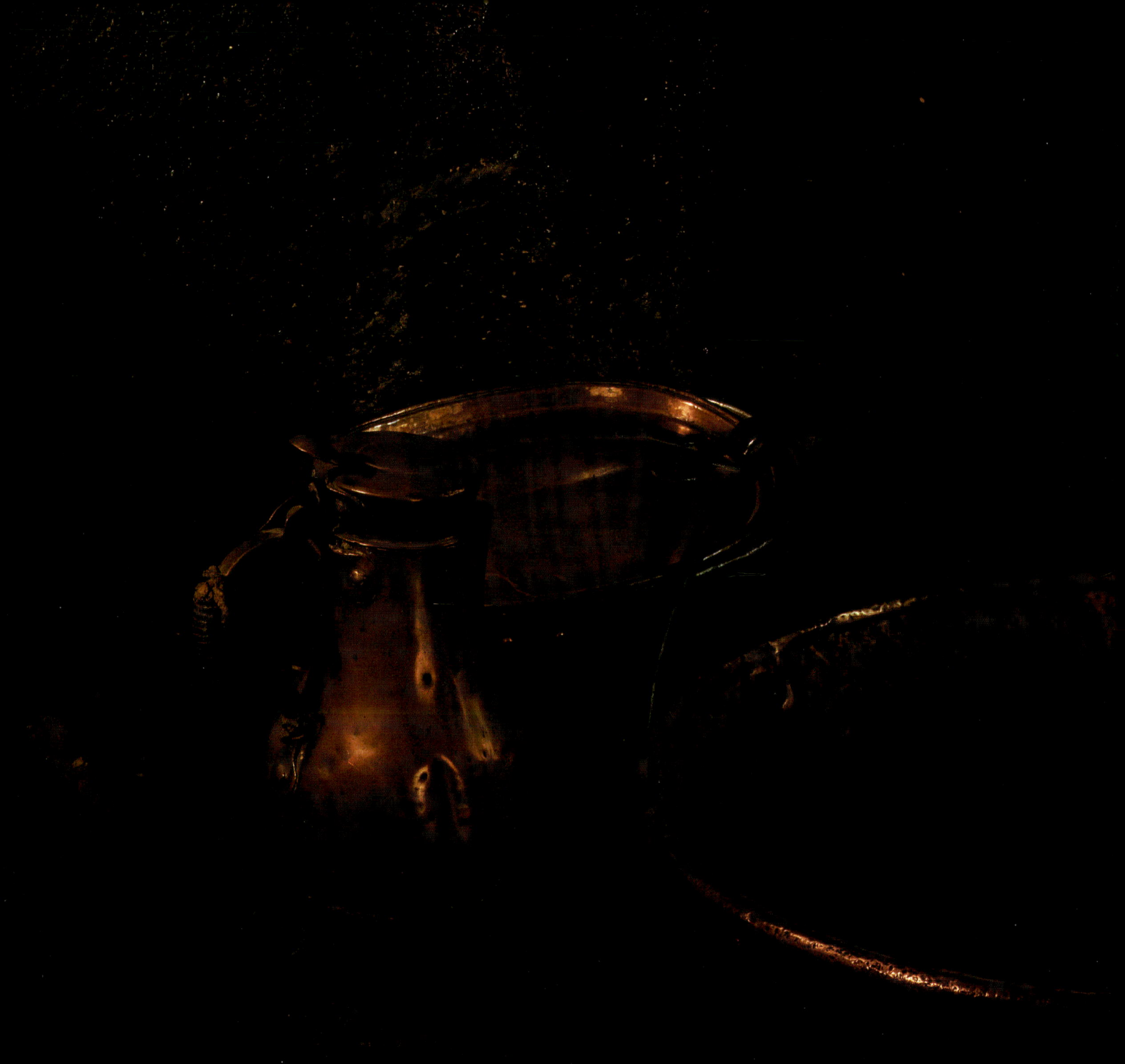

FISCHGERICHTE

«Bütscha la ritscha»

Dass der Fisch in Graubünden nicht zu den wichtigen Nahrungsmitteln gehörte, zeigt auch das fehlende Vorkommen in gewissen Redewendungen. So sagt der Rätoromane zwar auch «esser san sco ün pesch» (gesund sein wie ein Fisch), aber für die deutschen Redewendungen «stumm wie ein Fisch» und «weder Fisch noch Vogel» braucht der Engadiner die Ausdrücke: «müt sco'na porta d'sunteri» (stumm wie eine Friedhofspforte) und «ne mür ne utschè» (weder Maus noch Vogel).

Auch in der Literatur Graubündens kommt der Fisch selten vor. Eine Ausnahme bildet die epische Kantate «Historias dil Munt S. Gieri» von dem aus Laax stammenden Priester Flurin Camathias (1871–1946), in der der Fischer Antieni in Gedichtform der versammelten Hofgesellschaft die Fischerei im Vorderrhein in allen Details beschreibt. Die erste und letzte Strophe mögen als Beispiele dienen:

En tiar' alpina vegnan bugen ils viadonts
Ch'en lags e reins senodan e fan viadis gronds;
Nus observein en l'aua litgivas e scaruns
Che vegnan silla catscha, fan bials termagls e spruns.

In die alpinen Gegenden kommen gerne die Wanderer,
die in Seen und Flüssen schwimmen und grosse Reisen unternehmen;
im Wasser beobachten wir Bachforellen und Seeforellen,
die jagen und spielen und springen.

Savens ord la pes-chera van ils scaruns el vin,
Salvai si en bigneras, en buot ed en butschin:
Vivonda bein maneivla ch'il Rein furnesch' a nus,
Per tscheiver e cureisma in past substanzius.

Häufig gelangen die Seeforellen aus der Reuse in den Wein
und werden in Bottichen, Fässern und Bütten aufbewahrt:
Mühelos beschaffte Nahrung, die der Rhein uns liefert,
für Karneval und Fastenzeit eine gehaltvolle Mahlzeit.

In den fischreichen Gewässern Bündens ist schon immer gefischt worden, vorwiegend natürlich Forellen. Wie auch in gewissen Sgraffitti-Darstellungen bezeugt ist, hatte der Bündner auch eine magische Beziehung zum Wasser. Beweis dafür ist die *charnatscha* oder *ritscha,* eine Art Nixe, die einen weiblichen Wassergeist darstellt. Den Kindern drohte man, dass die *ritscha* sie in die Tiefe ziehe, wenn sie dem Wasser zu nahe kämen. Noch heute

Der romanische Name *glüschun* (Hecht) ist mundartlich nur für Tarasp bezeugt, woraus man schliessen kann, dass im Taraspersee von alters her nach Hechten gefischt wurde. Auch zeigt die sprachliche Form, dass das Wort über das Lombardische ins Engadin eingedrungen ist.

rufen sich die Fischer im Engadin und im Münstertal für Petri Heil «bütscha la ritscha» (Küss die Wasserjungfrau) zu.

So schreibt schon vor gut 100 Jahren der Oberengadiner Dichter Simon Caratsch (1826–1891):

Antic'ais la paschiun bella
Da pes-cher cun perch'u rait.
E brassos illa padella
U'n salata cun aschaid
Sun ils peschs adüna stos
Bacuns fins e retscherchos.

Die schöne Leidenschaft, mit Rute oder Netz zu fischen, ist sehr alt.
In der Pfanne gebraten
oder im Salat mit Essig
waren die Fische schon immer
feine und gesuchte Leckerbissen.

FLUSSKREBSSCHWÄNZCHEN MIT ROHSCHINKEN AN APFELWEINSAUCE

Zutaten:

40	*grosse Flusskrebse*
20	*Tranchen Rohschinken, längs halbiert*
30 g	*Butter*

Für die Sauce:

1 dl	*Apfelsaft*
0,5 dl	*trockener Weisswein*
1 TL	*Schalotte, fein gehackt*
1 Msp	*Knoblauch, fein gehackt*
0,5 dl	*Doppelrahm*
	Salz, Pfeffer
3 EL	*Sauce Hollandaise*
0,5 dl	*Schlagrahm*
2	*Äpfel, säuerliche Sorte*

Zubereiten: Äpfel schälen, Kügelchen ausstechen und im Zuckerwasser 1 Minute weichkochen. Zuckerwasser weggiessen.
Flusskrebse in 4 l siedendem Salzwasser überwallen. Wasser weggiessen. Flusskrebse auskühlen lassen. Schwänze ausbrechen und einzeln in den Rohschinken wickeln. Pro Person zwei Spiesschen damit bestücken. Spiesse kurz in der Butter braten und warmstellen.
Für die Sauce Apfelsaft, Weisswein, Schalotten und Knoblauch aufkochen und auf ¼ einreduzieren. Doppelrahm beigeben. Mit Salz und Pfeffer würzen. Schlagrahm und Sauce Hollandaise mischen und unter die Sauce rühren. Eventuell nachwürzen. *Nicht* mehr kochen.

Anrichten: Mit der Sauce auf die vorgewärmten Teller einen Spiegel machen. Spiesschen darauflegen. Als Beilage Kartoffelküchlein in Fischform (Rezept Seite 136) backen und als Garnitur die Apfelkügelchen darauf verteilen.

FLUSSKREBSCHEN-EINTOPF

Zutaten:

50 g	*Frühlingszwiebelchen oder Saucenzwiebelchen*
1 EL	*Butter*
150 g	*Rollgerste*
6 dl	*Hühnerbouillon*
80 g	*frische Erbsen*
2 l	*Gemüsesud*
16	*Flusskrebse*
3 EL	*Weisswein*
1 EL	*Butter*
	Salz, Pfeffer

Zubereiten: Flusskrebse im Gemüsesud überwallen (½ Minute). Schwänze ausbrechen. Die Hälfte halbieren.
Zwiebelchen in der Butter glasig dünsten. Rollgerste dazugeben. Mit der Hühnerbouillon ablöschen und unter gelegentlichem Rühren zirka 20 Minuten köcheln. Falls nötig, Flüssigkeit nachgiessen. 5 Minuten vor dem Ende der Garzeit die Erbsen beigeben und ganz am Schluss die Flusskrebse. Weisswein und Butter darunterrühren. Mit Salz und Pfeffer nachwürzen. Der fertige Eintopf soll die Konsistenz eines Risottos haben, also leicht sämig sein.

Anrichten: In Suppenteller schöpfen und nach Belieben mit einem Krebskörper garnieren.

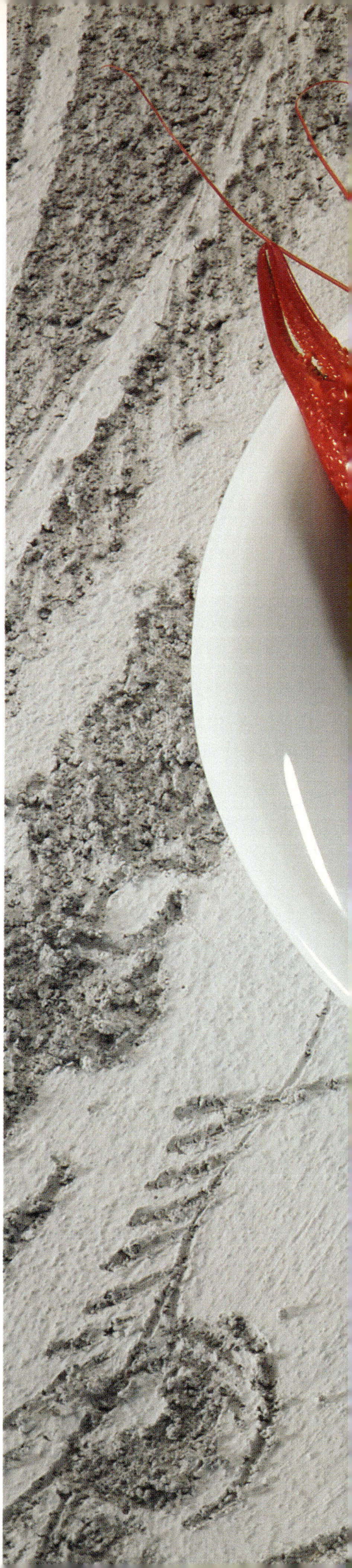

HECHTKLÖSSCHEN MIT FLUSSKREBSSAUCE

Zutaten:

250 g	*Hechtfilet, ohne Haut*
1	*Eiweiss*
2 dl	*Rahm*
	Salz, Pfeffer

Für die Sauce:

8 bis 12	*Flusskrebs-Karkassen (Rumpf) ohne Schwänzchen*
20 g	*Butter*
50 g	*kleingeschnittenes Gemüse (Zwiebel, Lauch, Sellerie, Karotten)*
½	*Tomate*
1 TL	*Cognac*
0,5 dl	*Weisswein*
5 dl	*Fischfond oder Wasser*
	Salz
8	*Pfefferkörner*
0,6 dl	*Doppelrahm*
0,6 dl	*Schlagrahm*

Vorbereiten: Eiswürfel vorrätig halten.

Zubereiten: Gut gekühltes Hechtfleisch mit Salz und Pfeffer würzen und durch die feinste Scheibe der Hackmaschine treiben. In einer auf Eis gekühlten Schüssel zuerst das Eiweiss, dann den Rahm unter die Fischfarce arbeiten. Mit 2 Suppenlöffeln Klösschen formen und im Salzwasser bei 80 bis 90 Grad pochieren. Warmstellen.

Für die Sauce Flusskrebs-Karkassen in der Butter dünsten. Gemüse und gewürfelte Tomate beigeben und mitdünsten. Mit dem Cognac und dem Weisswein ablöschen und dem Fischfond auffüllen. Pfefferkörner leicht zerdrücken und beigeben. Fond leicht salzen. Gut ½ Stunde köcheln lassen. Fischfond durch ein feines Tuch passieren und bis auf zirka 0,4 dl einkochen lassen. Doppelrahm beigeben und noch einmal aufkochen. Schlagrahm darunterrühren. *Nicht* mehr kochen. Nach Belieben mit Salz und Pfeffer nachwürzen.

Anrichten: Auf die vorgewärmten Teller einen Saucenspiegel machen. Die Klösschen darauf verteilen. Mit kleinem, gedünstetem Gemüse und Kartoffelpizokel (Rezept Seite 132) servieren.

SAIBLING MIT KRÄUTERSAUCE

Zutaten:

2	*Saiblinge zu 250 g, filetiert, Haut entfernt*
	Zitronensaft
	Salz, Pfeffer
1 TL	*Butter*
1 TL	*Schalotte, fein gehackt*
1,5 dl	*Weisswein*
60 g	*Butter, sehr kalt*
1 EL	*Kräuter, fein gehackt (z. B. Dill, Estragon, Kerbel, Petersilie)*
2	*Zucchetti, gescheibelt, in wenig Butter gedünstet*

Zubereiten: Filetierte Saiblinge mit Zitronensaft beträufeln und mit Salz und Pfeffer würzen. Eine flache Pfanne ausbuttern. Schalotten auf dem Boden verteilen. Fischfilets hineinlegen und Weisswein dazugeben. Fische unter dem Siedepunkt 2 Minuten garen. Fischfilets herausnehmen und warmstellen. Fond passieren und auf zirka 0,4 dl einkochen lassen. Die kalte Butter mit dem Schwingbesen in den Fond einrühren. Zuletzt die Kräuter dazugeben.

Anrichten: Die Filets auf gegarten Zucchettischeiben anrichten und mit der Sauce nappieren. Als Beilage Reisrollen servieren. (Rezept Seite 130)

FORELLE IM KARTOFFELMANTEL AN MALANSER WEINSAUCE

Zutaten:

2	*Bachforellen zu zirka 250 g, filetiert, Haut entfernt*
	Salz, Pfeffer
	Zitronensaft
	Weissmehl zum Wenden
150 g	*Kartoffeln*
1	*Ei, verquirlt*
30 g	*Butter*

Für die Sauce:

1 dl	*Malanser Riesling x Sylvaner*
1 TL	*Schalotte, fein gehackt*
1 Msp	*Knoblauch, gepresst*
0,5 dl	*Doppelrahm*
3 EL	*Sauce Hollandaise*
0,5 dl	*Schlagrahm*

Zubereiten: Forellenfilets mit Zitronensaft beträufeln. Mit Salz und Pfeffer würzen. Im Mehl wenden.
Geschälte Kartoffeln in feine Streifen schneiden oder mit der feinen Röstiraffel reiben. Gut ausdrücken. Mit Salz und Pfeffer leicht würzen und mit dem verquirlten Ei mischen. Kartoffelmasse auf die Filetoberseiten streichen.
In einer Bratpfanne Butter erwärmen. Fische mit der «Kartoffelseite» nach unten sorgfältig in die Pfanne heben und langsam braten. Der Fisch ist gar, wenn die Oberseite sichtbar «weiss» ist.
Sauce: Weisswein zusammen mit Schalotte und Knoblauch aufkochen und bis auf ⅕ einreduzieren lassen. Doppelrahm beigeben und erneut aufkochen. Mit der Sauce Hollandaise und dem Schlagrahm binden und verfeinern. Eventuell nachwürzen, aber *nicht mehr aufkochen.*

Anrichten: Mit der Sauce einen Spiegel in die Teller machen und den Fisch, Kartoffelseite oben, darauflegen. Als Beilage eignen sich Lattich, garniert mit Pilzen und Tomaten.

Warum es beim Wein aus der Bündner Herrschaft gerade Malanser sein soll, lesen wir in der Beschreibung von Nicolin Sererhard aus dem Jahre 1742: «Der Malanser Wein wird beynachem für den besten in Bünden gehalten; wann er abgelegen, lasst er dem Veltliner nicht viel nach, lasset sich lang behalten und wird je länger je besser, wiewohl er im ersten Jahr etwas cruder und reuer ist als andere.»

BACHFORELLE AN MALANSER ROTWEINSCHAUM

Zutaten:

2	*Bachforellen zu 250 g*
	Zitronensaft
	Salz, Pfeffer
	Worcestersauce
20 g	*Butter*
	Mehl

Für die Sauce:

1 TL	*Butter*
1 TL	*Schalotte, fein gehackt*
1 Msp	*Knoblauch*
1 dl	*Malanser Rotwein*
0,5 dl	*Doppelrahm*
	Salz, Pfeffer
3 EL	*Sauce Hollandaise (Rezept Seite 125)*
0,5 dl	*Schlagrahm*

Zubereiten: Bachforellen filetieren, entgräten und in 2 cm breite Streifen schneiden. Mit Zitronensaft beträufeln. Würzen mit Salz, Pfeffer und Worcestersauce. Fischfilets mit Mehl bestäuben und in der Butter braten.
Für die Sauce Schalotte und Knoblauch in der Butter dünsten. Mit Rotwein ablöschen und auf ⅕ einkochen lassen. Doppelrahm beigeben und aufkochen. Mit Salz und Pfeffer würzen. Sauce Hollandaise und Schlagrahm mischen und unter die kochende Sauce rühren. *Nicht* mehr aufkochen.

Anrichten: Mit der Sauce auf die vorgewärmten Teller einen Spiegel machen. Fischstückchen darauf verteilen. Gut zu diesem Fischgericht passen Buchweizenpizokel (Rezept Seite 133) und gedämpfter Blattspinat.

ISCHGERICHTE

«Charn d'bo mangia be chi chi po»

«Charn d'bo mangia be chi chi po;
charn purschè mangia chi chi'd es;
charn vacha tuot chi s-chartatscha.»

So lautet ein altes Engadiner Sprichwort, das besagt, dass nur derjenige Rindfleisch isst, der es vermag. Schweinefleisch hingegen isst jedermann und Kuhfleisch «kardätscht» ein jeder, d. h. es wird von allen verschmäht. Dies kann uns Hinweis sein auf die Bedeutung des Fleisches zu einer Zeit, als es nicht täglich auf den Tisch kam. Allerdings sind mit den Hausschlachtungen viele traditionelle Bräuche verbunden, wobei auch das Essen selbst nicht zu kurz kam. Im Engadin und sporadisch auch in der Surselva fand man sich am Abend der Hausmetzg zum Wurstessen ein, was «ir a charn frais-cha» (zum frischen Fleisch gehen) hiess. Das überaus reiche Gelage für Gourmands und Gourmets hiess «tschaina banadida» (gesegnetes Nachtessen), was man wohl verstehen kann, da Frischfleisch selten auf dem Speisezettel stand.

Ein Kirchweihmahl beschrieb Giachen Caspar Muoth 1886 in seiner epischen Dichtung «Il Gioder» (Der Theodor) mit dem sinnigen Untertitel «Eine Kantate über Küchenangelegenheiten, unseren Hausfrauen ohne Hintergedanken gewidmet». An dieser Stelle sei ein Auszug wiedergegeben, der die Reichhaltigkeit solch besonderer Mahlzeiten eindrücklich belegt:

Ussa gizzav'il patrun il snueivel cunti de cuschina,
Per stagliar sil taglier de lenn las carns ensaladas.
Cheu ferdavan stupent ils pèschs, ed ils tocs pitgarina
Devan uni cullas bliuschas mo pauca lavur de laguoter;
Era de quella sort prendev'ins pulitas buccadas,
Carn d'armal carschent'il maguol e renforza las puolpas.
Lieunga de bov e manetsch en bialas talgias satellas
Mavan uss entuorn, suandai d'ina vera pulenta,
Ed ins stueva savens snuar in nuv dellas caultschas.
Pér lu gnev'il barsau de vadi ni la queissa de nuorsa,
Ualti savens in caduscal fultschiu, neghentaus ella broda;
Fava de près, vermets u maluns retenevan la catscha,
Levan las dultschas buccadas vargar il filuc con furtina;
Era de quei prendev'ins e schava dar l'aura pils larischs.
Lu compareva la mumma de cà, la capavla massera,
Cul suadetsch sil frunt e cotschnida dal fiug della platta,
Sil taglier in stupent schambun, separaus dalla cutgna,
Bein ornaus cun pindels e res e flurs della prada;
Tut la mesada levava sin peis, salidond la massera
Bein meriteivla, ludond ils misteris de sia cuschina.

Churer Beckibraten (Rezept Seite 124)

Jetzt wetzte der Herr das fürchterliche Küchenmesser,
Um auf dem Holzteller die verschiedenen gesalzenen Fleischsorten zu zerschneiden.
Da dufteten herrlich die Filets und die Bruststücke
Und waren mit Bohnen zusammen leicht zu verschlingen.
Auch davon nahm man tüchtige Bissen,
Rindfleisch vermehret das Mark und stärket die Muskeln.
Ochsenzunge und Laffen wurden nun herumgeboten,
Gefolgt von einer währschaften Polenta,
Und man musste öfters einen Hosenknopf lösen.
Dann erst kam der Kalbsbraten oder der Schafstotzen,
Öfters auch ein gestopftes Hühnchen, in Sauce ersäuft.
Pfaffenbohnen, Spätzli und Ribel dämpften die Eile,
Wollten die süssen Bissen das Zungenband zu eilig passieren.
Auch davon nahm man und liess sich's wohl sein.
Dann erschien die Mutter des Hauses, die tüchtige Hausfrau,
Mit Schweiss auf der Stirn und gerötet vom Feuer des Herdes,
Auf dem Teller einen herrlichen Schinken, von der Schwarte befreit,
Wohlgeschmückt mit Bändern, Spitzen und Blumen der Wiese.
Die ganze Tischgesellschaft erhob sich, die Hausfrau begrüssend,
Die verdienstvolle, und lobend die Wunder ihrer Kochkunst.

POULETBRÜSTCHEN MIT TOTENTROMPETEN GEFÜLLT

Zutaten:

4	*Pouletbrüstchen zu zirka 130 g, ohne Knochen*
100 g	*Kalbsvoressen, mager*
0,5 dl	*Rahm*
1 EL	*Totentrompeten, getrocknet*
	Salz und Pfeffer
2 EL	*Erdnussöl*

Für die Sauce:

0,5 dl	*Weisswein*
1 TL	*Schalotte, fein gehackt*
1 Msp	*Knoblauch, fein gehackt*
0,5 dl	*Kalbsfond*
0,5 dl	*Doppelrahm*
4 EL	*Sauce Hollandaise (Rezept Seite 125)*
0,8 dl	*Schlagrahm*
1 EL	*Totentrompeten, getrocknet*
	Salz, Pfeffer

Vorbereiten: Die Totentrompeten für die Füllung und Sauce über Nacht einweichen. Eiswürfel bereithalten.

Zubereiten: Kalbsvoressen durch die feinste Scheibe der Hackmaschine treiben. In einer auf Eis gekühlten Schüssel den Rahm unter das Hackfleisch arbeiten. Mit Salz und Pfeffer würzen. Die Hälfte der gut abgetropften Totentrompeten kleinschneiden und unter die Fleischfarce rühren.
Die Pouletbrüstchen am dickeren Ende mit einem spitzen Messer einstechen und im Innern der Länge nach aufschneiden, so dass man die Füllung mit einem Dressiersack einspritzen kann. Pouletbrüstchen mit Salz und Pfeffer würzen und im heissen Öl beidseitig zirka 5 Minuten braten. Warmstellen.
Für die Sauce Weisswein, Knoblauch und Schalotten auf ⅓ einkochen lassen. Kalbsfond dazugeben und noch einmal auf ⅓ einreduzieren. Doppelrahm zur Sauce geben und erneut aufkochen. Sauce Hollandaise mit dem Schlagrahm mischen und unter die kochende Sauce rühren. *Nicht* mehr kochen. Mit Salz und Pfeffer nachwürzen. Totentrompeten, zerkleinert und gut abgetropft, beigeben.

Anrichten: Auf vorgewärmte Teller einen Saucenspiegel machen. Pouletbrüstchen in 5 bis 10 mm dicke Tranchen schneiden und auf die Sauce anrichten. Fenchel mit Kastanien und Gnocchi (Rezept Seite 134) als Beilage dazu servieren.

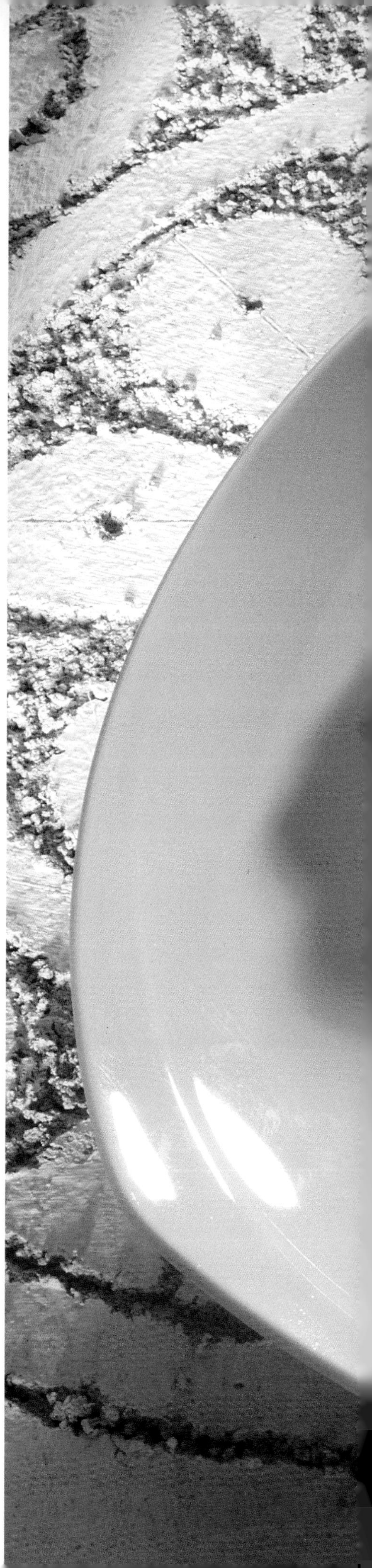

KANINCHENRÜCKEN MIT KRÄUTERN

Rain da cunigl cun erbinas

Zutaten:

4	*Kaninchenrücken zu 250 g, nicht ausgelöst*
	Salz und Pfeffer
3 EL	*Erdnussöl*

Für die Sauce:

2 dl	*Weisswein*
1 TL	*Schalotte, fein gehackt*
1 Msp	*Knoblauch, gepresst*
½ TL	*frische Kräuter (Majoran, Thymian, Rosmarin), fein gehackt*
80 g	*Butterwürfel, sehr kalt*
	Salz und Pfeffer
1 EL	*Petersilie, fein gehackt*

Zubereiten: Kaninchenrücken mit Salz und Pfeffer würzen und im Öl beidseitig anbraten. Im auf 200 Grad vorgeheizten Ofen zirka 10 Minuten fertigbraten. Warmstellen.
Für die Sauce Weisswein, Schalotten, Knoblauch und Kräuter auf ¼ einkochen lassen. Die kalten Butterwürfel in die Sauce rühren. Mit Salz und Pfeffer würzen. Petersilie vor dem Servieren zur Sauce geben.

Anrichten: Rückenfilets der Länge nach auslösen. In 1,5 cm dicke Stücke schneiden und auf vorgewärmte Teller anrichten. Mit der Sauce nappieren. Gut zu diesem Gericht passt eine Polenta mit Dörrzwetschgen (Rezept Seite 132) und ein Mangoldgemüse.

Tip: Der Kaninchenrücken schmeckt auch sehr gut an einer leichten Rahmsauce.

KANINCHENKEULE GESPICKT MIT DÖRRAPRIKOSEN

Gialun da cunigl trat tras cun apricosas sechantadas

Zutaten:

4	*Kaninchenkeulen zu zirka 180 g*
100 g	*Dörraprikosen*
	Salz, Pfeffer
2 EL	*Erdnussöl*

Für die Sauce:

0,5 dl	*Weisswein*
1,5 dl	*Kalbsjus*
20 g	*Butterstückchen, sehr kalt*

Zubereiten: Kaninchenkeulen vom Oberschenkelknochen befreien und mit in Streifen geschnittenen Dörraprikosen spicken: Mit einem spitzen Messer zirka 2 bis 3 cm tiefe Einschnitte machen und die Dörraprikosen mit dem Finger hineinpressen. Mit Salz und Pfeffer würzen und im Öl 12 bis 15 Minuten braten. Fleisch warmstellen. Fett weggiessen.
Den Bratensatz mit Weisswein ablöschen und auf ¼ einreduzieren lassen. Kalbsjus beigeben und noch einmal auf ⅓ einkochen lassen. Butterstückchen mit dem Schwingbesen in die kochende Sauce rühren. Eventuell nachwürzen. *Nicht* mehr aufkochen.

Anrichten: Mit der Sauce auf die vorgewärmten Teller einen Spiegel machen. Aufgeschnittene Keule darauf anrichten. Mit Kartoffelnudeln (Rezept Seite 135) und Wirsingköpfchen (Rezept Seite 134) servieren.

Aprikosen gedeihen als Spaliere im Domleschg und im Gebiet il Plaun, dort, wo sich Vorder- und Hinterrhein vereinigen. Der ursprünglich im Romanischen verwendete Name war *maril* oder *marilla.* Ende des letzten Jahrhunderts weist ein Engadiner Wörterbuch auf italienischen Einfluss hin: «Abricos, richtiger albicoc.» Heute ist durchwegs das vom Deutschen entlehnte *apricosas* verbreitet.

GITZIRÜCKEN GEFÜLLT

Rain d'usöl implida

Zutaten:

600 g	*Gitzirücken (Zicklein), hohl ausgelöst, d. h. Knochen so entfernt, dass der Rücken ganz bleibt (beide Filets). Tip: Lassen Sie den Rücken vom Metzger vorbereiten.*
	Salz, Pfeffer, Paprika
1 Zweig	*Rosmarin, Nadeln abgestreift*

Für die Füllung:

50 g	*Weissbrot ohne Rinde, klein gewürfelt*
½	*Ei*
0,5 dl	*Milch*
25 g	*Speck*
1 TL	*Butter*
1 TL	*Petersilie, fein gehackt*
1 Msp	*Knoblauch, gepresst*
2 EL	*Erdnussöl*

Für die Sauce:

0,5 dl	*Weisswein*
1 dl	*Bratenjus*
0,5 dl	*Doppelrahm*
0,4 dl	*Schlagrahm*
	Salz, Pfeffer

Zubereiten: Ei und Milch verrühren und das Weissbrot dazugeben. Mit der Gabel leicht zerdrücken. Speck in der Butter dünsten. Petersilie und Knoblauch mitdünsten. Unter das Brot mischen. Mit Salz und Pfeffer abschmecken. Mindestens ½ Stunde ruhen lassen.
Gitzirücken mit den Gewürzen und den Rosmarinnadeln einreiben. Den Rücken der Länge nach füllen. Bauchlappen einrollen und mit Schnur zusammenbinden. Erdnussöl erhitzen und den Gitzirücken darin anbraten. Im vorgeheizten Ofen bei 230 Grad 12 bis 20 Minuten fertigbraten. Warm stellen.
Für die Sauce Bratenfett weggiessen. Bratensatz mit dem Wein ablöschen und auf ¼ einkochen lassen. Bratenjus beigeben und auf ⅓ einreduzieren lassen. Doppelrahm unter die Sauce rühren und noch einmal aufkochen lassen. Schlagrahm daruntermischen und nach Bedarf nachwürzen.

Anrichten: Gitzirücken tranchieren und auf vorgewärmte Teller anrichten. Auf Saucenspiegel anrichten. Serviert wird der Rücken mit Bohnen, Tomaten und Kartoffelfuchs (Rezept Seite 133).

SCHWEINSBRUSTSCHNITTE SÜSS-SAUER

Flettas da porch dutsch e fort

Zutaten:

800 g	*Schweinebauch*
	Salz, Pfeffer
2 EL	*Erdnussöl*
1,5 dl	*Weisswein*
3 dl	*Kalbsfond*
40 g	*Bienenhonig*
4 EL	*Modena-Essig (Aceto balsamico di Modena)*
20 g	*Butter, sehr kalt*

Zubereiten: Schweinebauch in 4 Streifen schneiden. Diese mit der Schwarte nach aussen zusammenlegen und mit Schnur zusammenbinden. Mit Salz und Pfeffer würzen und leicht mehlen. Beidseitig im Erdnussöl anbraten. Öl weggiessen. Mit dem Weisswein und dem Kalbsfond ablöschen. Honig dazugeben. Das Fleisch unter fleissigem Begiessen im vorgeheizten Ofen bei 180–200 Grad zirka 40 bis 50 Minuten glasieren. Fleisch warm stellen. Die Sauce eventuell noch etwas einkochen lassen. Essig beifügen und die kalte Butter einrühren.

Anrichten: Brustschnitten auf warme Teller anrichten und mit der Sauce nappieren. Wirsinggemüse mit Rosinen und Polentamaluns (Rezept Seite 131) begleiten dieses Gericht.

ENGADINERWURST UND SPECK MIT TATSCH UND SENFSAUCE

Liongia engiadinaisa e panzetta cun tatsch e sosa da mustarda

Zutaten:

400 g	*Magerspeck*
8	*Engadinerwürste, 6 cm lang, oder 2 grosse Würste*

Für die Sauce:

1 dl	*Weisswein*
1 TL	*Schalotte, fein gehackt*
1 Msp	*Knoblauch, gepresst*
0,7 dl	*Doppelrahm*
20 g	*Dijonsenf*
4 EL	*Sauce Hollandaise (Rezept Seite 125)*
0,8 dl	*Schlagrahm*
1 TL	*Senfkörner*
	Salz und Pfeffer

Zubereiten: Magerspeck im Wasser 40 Minuten köcheln. Würste im gleichen Wasser erhitzen (kleine Würste 5 Minuten, grosse Würste 20 Minuten). Warmstellen.
Weisswein mit Schalotte und Knoblauch vollständig einkochen lassen. Doppelrahm beigeben und aufkochen. Senf, Sauce Hollandaise und Schlagrahm verrühren und unter die kochende Sauce schlagen. Mit Salz und Pfeffer würzen. Senfkörner zur Sauce geben.

Anrichten: Speck und Wurst aufschneiden und auf Saucenspiegel anrichten. Als Gemüsebeilage eignen sich Kefen.
Rezept Tatsch siehe Seite 130.

CHURER LEBERSPIESSLI

Zutaten:

600 g	*Kalbsleber*
	Salz und Pfeffer
20	*Räucherspecktranchen,*
	sehr dünn geschnitten, halbiert
20	*Salbeiblätter*
2 EL	*Butter*
1,5 dl	*Bratenfond, leicht gebunden*

Zubereiten: Kalbsleber in fingerdicke Streifen von zirka 5 cm Länge schneiden. Pro Person zirka 10 Streifen. Sparsam würzen. Auf jede halbierte Specktranche ein Salbeiblatt und ein Leberstückchen legen und einwickeln. 5 «Fleischpäckchen» auf einen Spiess stecken. Spiesschen in der Butter beidseitig 1½ Minuten braten.

Anrichten: Spiesschen auf Risotto mit Kratarellen anrichten. Dazu den leicht gebundenen Bratenfond servieren.

LEBER DOLCE BRUSCO

Gnirom dolce brusco

Zutaten:

8	*Kalbsleberschnitzel zu zirka 70 g*
	Salz, Pfeffer
	Mehl
1	*Ei*
	Paniermehl
3 EL	*Butter*

Für die Sauce:

2 dl	*Rotwein*
	Salz, Pfeffer
1 EL	*Rotweinessig*
2 TL	*Bienenhonig*
80 g	*Butterstückchen, sehr kalt*

Zubereiten: Rotwein, Essig, mit etwas Salz und Pfeffer gewürzt, auf ¼ einkochen lassen. Bienenhonig dazugeben. Kurz vor dem Servieren die kalte Butter mit einem feindrahtigen Schneebesen in die Sauce rühren.
Leberschnitten würzen. Mit Mehl leicht bestäuben. Im Ei und Paniermehl wenden und in der Butter beidseitig je 1 Minute braten.

Anrichten: Mit der Sauce auf die vorgewärmten Teller einen Spiegel machen. Leberschnitzel darauf anrichten. Dazu kann man Kartoffelpitte mit Dörrbirnen (Rezept Seite 137) und kleines Kürbisgemüse servieren.

Es handelt sich um eine aus dem oberitalienischen Raum stammende Art der Leberzubereitung, was auf die Kontakte Bündens zur benachbarten Lombardei hinweist. Auch das im Oberengadin gebrauchte Wort für Leber «fio» ist vom italienischen *fegato* abgeleitet. Bezeugt ist diese Spezialität für Zuoz als «fio brasso a la moda da Zuoz, cun üna brouda da vin spessa suringiò» (mit einer dicken Weinsauce darüber).

KALBSMILKE MIT SPECK UND DÖRRZWETSCHGEN

Lateroula da vadé cun panzetta e brümblas sechantadas

Zutaten:

8	*Mangold- oder Krautstielblätter (je nach Saison)*
500 g	*Kalbsmilken*
0,5 dl	*Essig*
½	*Zwiebel*
2	*Lorbeerblätter*
2	*Nelken*
	Salz, Pfeffer
2 EL	*Butter*
100 g	*geräucherter Magerspeck, in Streifen geschnitten*
80 g	*Dörrzwetschgen, entsteint, geviertelt*
1 TL	*Butter*
0,5 dl	*Milkenfond*

Vorbereiten: Eiswürfel bereithalten.

Zubereiten: Mangold- oder Krautstielblätter in siedendem Salzwasser überwallen. Aus dem Wasser nehmen und im mit Eis gekühlten Wasser abschrecken. Auf ein Küchentuch auslegen.
Milken in reichlich Salzwasser (2 bis 3 Liter), dem man den Essig, Zwiebel, Lorbeerblätter und Nelken beigibt, aufkochen und 20 bis 30 Minuten unter dem Siedepunkt ziehen lassen. Milken aus dem Sud nehmen und erkalten lassen. Etwa 0,5 dl Sud zurückbehalten.
Milken in 1 cm dicke Scheiben (2 Scheiben pro Person) schneiden. Mit Salz und Pfeffer würzen und beidseitig in der Butter braten. Milken warmstellen. In der gleichen Pfanne geräucherten Speck und Dörrzwetschgen in wenig Butter anbraten. Auf jedes Krautblatt eine Milkenscheibe legen. Etwas Zwetschgen und Speck darauf verteilen. Blätter einrollen. Wickel in einer mit dem Milkenfond erwärmten Schüssel warmhalten.

Anrichten: Wickel gut abtropfen lassen und auf vorgewärmte Teller anrichten. Eine Orangensauce (Rezept Tiroler Knödel Seite 40) und Maluns (Rezept Seite 135) dazu servieren.

Milke ist an sich natürlich schon ein exklusiveres Fleischgericht. Dass Kalbfleisch als solches hoch geschätzt war, weil es zart ist, bezeugt das romanische Sprichwort «Charn vadé nu spetta curté» (Kalbfleisch wartet nicht auf das Messer).

KALBSHAXE

Osso buco

Zutaten:

1,2 kg	*Kalbshaxe, ganz*
	Salz, Pfeffer, Paprika
1 Zweig	*Rosmarin, Nadeln abgestreift*
2 EL	*Erdnussöl*
200 g	*Röstgemüse (Zwiebeln, Karotten und Sellereie zu je einem Drittel)*
1	*Knoblauchzehe*
1–2	*Tomaten, zerkleinert*
2 dl	*Weisswein*
3 dl	*Kalbsjus*
20 g	*Butter, sehr kalt*

Zubereiten: Kalbshaxe würzen und im Öl anbraten. Gemüse, Knoblauch und Tomaten mitdünsten. Mit Weisswein ablöschen und mit dem Kalbsfond auffüllen. Haxe im vorgeheizten Ofen bei 200 Grad unter öfterem Begiessen glacieren. Haxe warm stellen, Sauce passieren und eventuell etwas einkochen lassen. Kalte Butter einrühren.

Anrichten: Fleisch vom Knochen lösen. Aufschneiden und auf vorgewärmte Teller legen. Mit der Sauce nappieren. Kraut-Pizokel (Rezept Seite 38) und Karotten dazu servieren.

KARTOFFELWURST

Liongias da mailinterra

Zutaten für 4 Würste:

400 g	*Rindshuft*
200 g	*Kartoffeln*
	Salz, Pfeffer, Muskat
1 Zweig	*Majoran, Blättchen abgestreift*
80–100 cm	*Cervelatdarm*

Zubereiten: Rindshuft durch die grobe Scheibe der Hackmaschine treiben. Geschälte Kartoffeln in Scheiben schneiden und über Dampf weichkochen. Zum Hackfleisch geben und zu einem Teig kneten. Gewürze daruntermischen.
Mittels Dressiersack den Cervelatdarm füllen. Darauf achten, dass die Wurst nicht zu prall wird und keine Luftblasen enthält. Mit einer Schnur in vier gleich grosse Teile abbinden. Würste in schwach gesalzenem Wasser zirka 15 Minuten ziehen lassen.

Anrichten: Kohlrabi und warme, in Zuckerwasser gekochte Dörrfrüchte dazu servieren.

Bemerkung: Es ist Tradition, die Kartoffelwurst mit eingeweichten, gewärmten Dörrfrüchten zu servieren. Es passen jedoch auch Apfelschnitze dazu.

RINDFLEISCHROULADEN MIT KARTOFFEL-PITTEN

Zutaten:

8	*Rindsschnitzel (Huft oder Stotzen) zu zirka 60 g, dünn geschnitten und flach geklopft*
8	*Magerspeckscheiben, dünn geschnitten*
	Salz und Pfeffer
2 EL	*Erdnussöl*
1 dl	*Rotwein*
2 dl	*Kalbsjus*
20 g	*Butterstückchen, sehr kalt*

Für die Füllung:

120 g	*Rinds- oder Kalbfleisch vom Ragoutstück*
	Salz und Pfeffer
30 g	*Weissbrot*
2 EL	*Milch*
1 TL	*Schalotten, fein gehackt*
1 EL	*Butter*
0,5 dl	*Rahm*

Vorbereiten: Eiswürfel bereithalten.

Zubereiten: Für die Füllung Fleisch mit Salz und Pfeffer würzen. Weissbrot in kleine Würfel schneiden und in der Milch einweichen. Butter erhitzen und sämtliche Zutaten andünsten. Durch die feine Scheibe der Hackmaschine drehen. Den Rahm in einer auf Eiswürfeln gekühlten Schüssel unter die Farce arbeiten.
Schnitzel mit Salz und Pfeffer würzen und die Magerspeckscheiben darauflegen. Füllung gleichmässig auf die Schnitzel streichen und einrollen. Je zwei Rouladen auf ein Holz- oder Metallstäbchen aufspiessen und im erhitzten Erdnussöl anbraten. Fett weggiessen. Bratenfond mit dem Rotwein ablöschen und mit dem Kalbsjus auffüllen. Die Rouladen in der Sauce unter öfterem Begiessen bei niedriger Temperatur 20 Minuten schmoren. Rouladen aus der Sauce nehmen und warm stellen. Sauce etwas kochen lassen und mit Salz und Pfeffer abschmecken. Kalte Butterstückchen einrühren.

Anrichten: Das Fleisch auf dem Teller mit der Sauce nappieren. Sehr gut dazu passen gedünstete Gemüsestäbchen und Pilze als Garnitur sowie Kartoffel-Pitten (Rezept Seite 138).

GEMSPFEFFER VAL MÜSTAIR

Fratemf da chamuotsch da la val Müstair

Zutaten:

800 g	*Gemsschulter, ohne Knochen*
150 g	*Röstgemüse (Karotten, Zwiebeln, Sellerie, Knoblauch)*
3	*Lorbeerblätter*
8	*Wacholderbeeren*
15	*Pfefferkörner*
1 dl	*Rotweinessig*
5 dl	*Rotwein*
1 Zweig	*Rosmarin*
3 EL	*Mehl*
	Salz und Pfeffer
2 EL	*Erdnussöl*
2 EL	*Tomatenmark*
1 dl	*Veltliner Rotwein*
2 dl	*Fleischmarinade*
3 dl	*Wild- oder Kalbsjus*
3 EL	*Schweineblut (fakultativ)**
0,5 dl	*Schlagrahm*

Vorbereiten: Gemsschulter in zirka 30 g schwere Stücke schneiden. Sämtliche Gemüse und alle Gewürze zusammen mit dem Fleisch in die Marinade (Rotweinessig und Rotwein) legen. Entweder 7 bis 10 Tage im Kühlschrank oder 3 Tage bei Zimmertemperatur beizen.

Zubereiten: Fleisch und Gemüse aus der Marinade nehmen und gut abtropfen lassen. Eventuell mit Haushaltpapier trockentupfen. Fleisch mit Mehl bestäuben, mit Salz und Pfeffer würzen und im Erdnussöl anbraten. Tomatenmark solange mitrösten, bis es die rote Farbe verloren hat. Gemüse beigeben und mitdünsten. Mit dem Veltliner Rotwein ablöschen und auf ¼ einkochen lassen. Fleischmarinade aufkochen und zusammen mit dem Wild- oder Kalbsjus zum Fleisch geben. Zirka 1½ Stunden weich schmoren. Fleisch herausnehmen und warm stellen. Sauce passieren und wenn nötig noch etwas einkochen lassen. Fleisch in die Sauce zurückgeben. Schweineblut zum Binden beigeben und zuletzt den Schlagrahm darunterziehen. Bei Bedarf nachwürzen.

Anrichten: Mit Brot-Croûtons und nach Belieben mit Speck und Champignons garnieren. Gedämpftes Rotkraut und Flöchets (Rezept Seite 131) passen hervorragend dazu.

* Das Schweineblut dient lediglich dem Binden der Sauce. Es ist deshalb fakultativ.

REHRÜCKENFILET IM TEIG

Filet da rain da chavriöl aint illa pasta

Zutaten:

600 g	*Rehrückenfilet, pariert*
2 EL	*Erdnussöl*
100 g	*Fettspeckquadrate, 10 cm gross, 1 mm dick*
500 g	*Blätterteig*
1	*Ei*
	Salz, Pfeffer

Für die Füllung:

50 g	*Kalbsvoressen*
50 g	*grüner Speck*
50 g	*Geflügelleber*
35 g	*frische Pilze*
1 TL	*Schalotte, fein gehackt*
1 EL	*Butter*
	Salz, Pfeffer
1 Zweig	*Thymian, Blättchen abgestreift*
1 EL	*Cognac*
1 EL	*Madeira*
30 g	*Gänseleber*
1	*Eigelb*
2 EL	*Brotbrösel*

Für die Wildrahmsauce:

1,5 dl	*Wildjus*
5	*Wacholderbeeren, gehackt*
0,5 dl	*Doppelrahm*
0,6 dl	*Schlagrahm*
1 TL	*Cognac*
1 TL	*Gin*
	Salz, Pfeffer

Zubereiten: Für die Füllung Kalbsvoressen, grünen Speck, Geflügelleber, Pilze und Schalotten in der Butter kurz und intensiv anbraten. Mit Salz, Pfeffer und dem Thymian würzen. Mit Cognac und Madeira ablöschen und flambieren. Gänseleber dazugeben. Füllung erkalten lassen. Durch die feinste Scheibe der Hackmaschine treiben. Eigelb und Brotbrösel darunterrühren.
Rehrückenfilet mit Salz und Pfeffer würzen. Im heissen Erdnussöl beidseitig zirka 1 Minute braten, so dass das Fleisch innen noch roh ist. Filets erkalten lassen. Blätterteig 3 bis 5 mm dick ausrollen. Mit den Fettspeckscheiben belegen. Filets darauflegen. Füllung gleichmässig darauf verteilen. Teig sorgfältig einschlagen. Mit dem Eigelb bepinseln. Teig mit der Gabel stupfen. Im vorgeheizten Ofen bei 220 Grad 12 Minuten backen. Einige Minuten ruhen lassen.
Für die Sauce den Wildjus mit den Wacholderbeeren auf ¼ einkochen lassen. Doppelrahm beigeben und erneut aufkochen. Schlagrahm mit dem Cognac und dem Gin mischen und in die Sauce einrühren. Eventuell nachwürzen.

LAMMKARREE MIT KRÄUTERKRUSTE

Dà d'agnè cun üna cruosta dad erbinas

Zutaten:

1 kg	*Lammkarree, pariert*
	Salz, Pfeffer
2 EL	*Erdnussöl*
40 g	*Dijonsenf*
25 g	*Brotbrösel*
1 EL	*frische Kräuter (Majoran, Thymian, Rosmarin, Petersilie), fein gehackt*
2 EL	*Butter, flüssig*

Für die Sauce:

0,5 dl	*Rotwein*
1,5 dl	*Kalbs- oder Lammjus*
20 g	*Butterstückchen, sehr kalt*
	Salz, Pfeffer

Zubereiten: Lammkarree mit Salz und Pfeffer würzen und im Erdnussöl anbraten. Im vorgeheizten Ofen bei 220 Grad weitere 10 bis 15 Minuten braten, so dass es innen noch blutig ist. Oberseite des Lammkarrees mit dem Senf einstreichen. Kräuter und Brotbrösel mischen und darüberstreuen. Mit der flüssigen Butter beträufeln und bei starker Oberhitze kurz gratinieren. Fleisch warm stellen.
Für die Sauce das Fett weggiessen und den Bratensatz mit dem Rotwein ablöschen. Auf ¼ einkochen lassen. Kalbs- oder Lammjus beigeben und noch einmal auf ⅓ einkochen lassen. Kalte Butterstückchen unter die Sauce schlagen. Nach Bedarf mit Salz und Pfeffer nachwürzen.

Anrichten: Karree in 1 cm dicke Tranchen schneiden und auf vorgewärmten Tellern auf Saucenspiegel anrichten. Sehr gut dazu passen Linsen mit kleinem Gemüse und Plain in Pigna (Rezept Seite 136).

In Graubünden haben an Ostern in der Regel die Zicklein die Stelle des alttestamentlichen Lammes eingenommen. In Sprichwörtern wird häufig der Mensch damit verglichen, z. B. «ün agnè ümil tetta duos mammas, ün superbi gnanc'üna» (ein demütiges Lamm, d. h. ein ruhiger Mensch, saugt an zwei Müttern, ein stolzes saugt nicht einmal an einer).

FTANER SCHAFSRAGOUT

Fratem da besch da Ftan

Zutaten:

600 g	*junges Lammkarree oder Gigot (Hammelkeule), ohne Bein*
	Salz, Pfeffer, Muskat
2 EL	*Butter*
600 g	*Kartoffeln, in dünne Scheiben geschnitten*
100 g	*Karotten*
100 g	*Sellerie*
150 g	*Lauch*
4 dl	*Fleischbrühe*

Zubereiten: Lammkarree in 1 cm grosse Stücke schneiden. Mit Salz und Pfeffer würzen. Die Hälfte davon in eine grosse oder vier kleine mit Butter ausgestrichene Formen verteilen. Karotten und Sellerie in dünne Scheiben, Lauch in 2 cm lange Stücke schneiden. Im Salzwasser kurz blanchieren. Blanchiertes Gemüse, Kartoffeln und restliches Fleisch lagenweise in die Form(en) einfüllen. Mit Salz, Pfeffer und Muskat würzen. Warme Fleischbrühe dazugiessen und zugedeckt (mit Alufolie) im vorgeheizten Ofen bei 200 Grad garen. Eine grosse Form braucht zirka 2 Stunden, eine kleine 1 Stunde.

Anrichten: Formen stürzen und auf Teller anrichten. Als Dekoration können gekochte kleine Saucenzwiebelchen gereicht werden.

Der in ganz Romanischbünden verbreitete Ausdruck *fratem/fratemf/furtem* leitet sich vom bündnerdeutschen «Vertämpf(t)» ab und bezeugt damit die Anpassungsfähigkeit der Rätoromanen. Die klassischen Monate für die Zubereitung eines guten Ragouts sind September und Oktober, wenn die Gemsjagd beginnt und die Schafe von den Alpen kommen. Daher heisst der September in der Walserkolonie Obersaxen in der Jägersprache noch heute *Fartemsmonat* oder *Fartemer.*

CHURER BECKIBRATEN

Zutaten:

1 kg	*junges Lammgigot (Hammelkeule), mit Bein*
4	*Knoblauchzehen, halbiert*
	Salz, Pfeffer, Paprika
1 Zweig	*Rosmarin, Nadeln abgestreift*
3 EL	*Erdnussöl*
500 g	*junge, erntefrische Kartoffeln*
200 g	*Karotten*
200 g	*Zwiebeln*
100 g	*Lauch, nur gelbe Teile*
100 g	*Sellerie*
30 g	*Butter*
1 dl	*trockener Weisswein*
3 dl	*Fleischbrühe*

Zubereiten: Kartoffeln, Karotten und Sellerie in dünne Scheiben, Zwiebeln in feine Ringe, Lauch in 2 cm lange Stücke schneiden.
Lammgigot mit den halbierten Knoblauchzehen spicken und mit den Gewürzen einreiben. Im Öl anbraten. Gemüse beigeben und mitdünsten. Mit dem Weisswein und der Fleischbrühe ablöschen. Im vorgeheizten Ofen bei 180 bis 200 Grad während zirka 50 Minuten zugedeckt schmoren lassen. Fleisch regelmässig mit dem Bratenjus begiessen. Butterflocken über das Fleisch verteilen. Bei Bedarf vor dem Servieren mit Salz und Pfeffer nachwürzen.

SAUCE HOLLANDAISE

Zutaten:

1 EL	*Schalotten, fein gehackt*
5	*Pfefferkörner, zerdrückt*
3	*Eigelb*
1 Prise	*Salz*
1 EL	*Essig*
1 EL	*Weisswein*
1 EL	*Wasser*
250 g	*Butter, halbwarm*
1 TL	*Zitronensaft*
1 Msp	*Cayennepfeffer*

Zubereiten: Butter klären, d. h. erhitzen, bis sich die Buttermilch setzt. Die klare Butter in eine kleine Schüssel giessen.
In einer Chromstahlpfanne Essig, Weisswein, Pfefferkörner und Schalotten erhitzen. Flüssigkeit fast vollständig einkochen lassen. Den Esslöffel Wasser und die Eigelb darunterrühren. Flüssigkeit in einer Rührschüssel im heissen Wasserbad (unter dem Siedepunkt) zu einer dickflüssigen Creme schlagen. Rührschüssel aus dem Wasserbad nehmen. Halbwarme Butter unter tüchtigem, aber kurzem Schwingen unter die Masse arbeiten. Vorsichtig salzen. Zitronensaft und Cayennepfeffer dazugeben. Sauce Hollandaise durch ein trockenes Passiertuch giessen.
Die Sauce Hollandaise lässt sich an einem warmen Ort kurze Zeit aufbewahren.

BRAUNER KALBSFOND (FOND BRUN)

zirka 2 Liter

Zutaten:

1,5 kg	*Kalbsknochen, klein gehackt*
200 g	*Kalbsfuss, klein gehackt*
2 EL	*Erdnussöl*

Mirepoix:

100 g	*Karotten*
150 g	*Zwiebeln*
50 g	*Sellerie*
2 EL	*Tomatenpüree*
3 dl	*Weisswein*
3 l	*Wasser*
10	*Pfefferkörner, zerdrückt*
1	*Rosmarinzweig*
1	*Majoranzweig*
1	*Thymianzweig*
1 TL	*Salz*

Zubereiten: Erdnussöl im Bratgeschirr erhitzen. Klein gehackte Knochen darin portionenweise bei mässiger Hitze gleichmässig, unter gelegentlichem Wenden, anbraten. Karotten, Zwiebeln und Sellerie in grobe Würfel schneiden und ebenfalls leicht rösten. Fett weggiessen. Tomatenpüree dazugeben und kurz mitdünsten. Mit dem Weisswein ablöschen. Flüssigkeit fast vollständig einkochen lassen. Mit Wasser auffüllen und während 3 Stunden auf kleinem Feuer kochen. Öfters abschäumen und abfetten. Kräuter, Pfefferkörner und Salz zum Fond geben und nochmals 30 Minuten köcheln. Verdunstete Flüssigkeit durch Wasser ersetzen. Den Fond durch ein feines Tuch passieren. Erkalten lassen und wenn nötig entfetten.

Der Fond lässt sich im Kühlschrank eine Woche aufbewahren. Er kann jedoch auch portioniert eingefroren werden und ist so immer griffbereit.

Achtung: Beim Anbraten der Knochen unbedingt darauf achten, dass sie nicht schwarz werden, da der Fond sonst bitter wird.

Bemerkung: Nach dem gleichen Rezept können auch andere braune Fonds wie Geflügel-, Kaninchen-, Lamm-, Wildfond usw. hergestellt werden. Bei Lamm- und Wildfond Rotwein nehmen.

WEISSER KALBSFOND (FOND BLANC)

zirka 2 Liter

Zutaten:

1,5 kg	*Kalbsknochen*
4 l	*Wasser*
1	*Zwiebel, geschält, mit einer Nelke gespickt*
2	*Karotten, geschält*
1 Bund	*Petersilie*
½	*Lauch*
50 g	*Sellerie*
1	*Lorbeerblatt*
1	*Thymianzweig*
2 TL	*Salz*
10	*Pfefferkörner, zerdrückt*

Zubereiten: Kalbsknochen in reichlich Wasser kurz aufkochen, damit Blutrückstände und Eiweiss ausgeschieden werden. Knochen abgiessen und in lauwarmem Wasser gut waschen.
Knochen erneut in 4 Liter Wasser aufsetzen und zum Kochen bringen. Zirka 1 Stunde leicht köcheln. Von Zeit zu Zeit abschäumen. Gemüsebouquet und Gewürze beigeben und eine weitere Stunde köcheln. Öfters abschäumen. Salzen. Am Schluss den Fond durch ein feines Sieb oder Passiertuch giessen und entfetten. Eventuell nachwürzen.

Bemerkung: Sollten Kalbfleischparüren vorhanden sein, kann man diese mitkochen.

Nach dem gleichen Rezept können auch andere weisse Fonds, wie Geflügel- und Kaninchenfond usw. hergestellt werden.

BEILAGEN

TATSCH

Zutaten:

200 g	*Mehl*
3 dl	*Milch*
	Salz, Pfeffer, Muskat
4 EL	*Butter, geschmolzen*
4	*Eier, verquirlt*
4 EL	*Butter*

Zubereiten: Mehl, Milch, Gewürze und geschmolzene Butter zu einem dickflüssigen Teig rühren. Eier darunterschlagen.
In einer nicht klebenden Bratpfanne die Butter erhitzen und den Teig hineingeben. Beidseitig goldgelb backen. Tatsch mit der Holzkelle in kleine Stücke teilen und anrichten.

Bemerkung: Der Tatsch kann auch mit Zucker bestreut und zu Kompott serviert werden.

Der mit dem Kaiserschmarren verwandte *Tatsch* ist in ganz Graubünden verbreitet. Das einfache Rezept ermöglichte auch den sonst mit dem Kochen nicht vertrauten Männern die Zubereitung. Dass er im Engadin sehr beliebt ist, äussert sich auch im Ausdruck «tü est ün mat sco ün tatsch ars» (du bist ein Knabe wie ein gebrannter Tatsch), um einem Knaben mitzuteilen, er sei ein lieber Kerl. Wenn viel Schnee gefallen ist, spricht man von einer «tatschada d'naiv».

REISROLLEN

Zutaten:

4 dl	*Hühnerbouillon*
150 g	*Reis, Tipo Risotto*
	Salz, Muskat, Pfeffer
	Mehl
1	*Ei*
3 EL	*Butter*

Zubereiten: Hühnerbouillon, Reis und Gewürze während 15 Minuten zu einem dicken Brei kochen. Erkalten lassen. Auf einem leicht bemehlten Brett den Reisbrei zu Rollen von 2 bis 3 cm Durchmesser drehen. In 3 cm lange Stücke schneiden. Die Reisrollen im Ei wenden und in der Butter goldgelb braten.

Bemerkung: Dieses Rezept eignet sich – heute wie früher – für die Verwertung von Risottoresten.

FLÖCHETS

Zutaten:

300 g	*Mehl*
	Salz, Muskat
1,5 dl	*Wasser*
4	*Eier, verquirlt*
2 EL	*Butter*
einige	*Baumnusskerne (Walnusskerne)*

Zubereiten: Mehl, Gewürze und Wasser verrühren. Eier dazugeben und zu einem festen Teig schlagen. Es soll eine dickflüssige Masse entstehen. Teigmasse in einen Dressiersack mit kleiner Lochtülle oder in einen Trichter füllen und langsam in siedendes Salzwasser laufen lassen. Die Flöchets sollen etwa 30 cm lang werden. Sobald sie an die Oberfläche kommen, mit der Schaumkelle herausfischen und in der geschmolzenen Butter schwenken. Ein paar in Butter erwärmte Baumnusskerne geben dieser Spezialität noch das besondere Etwas.

Neben den Pizokel sind die Flöchets (eigentlich «Flocken») eine klassische Beilage in der Bündner Küche. Traditionellerweise passiert man den Teig durch eine Löcherkelle in das siedende Salzwasser oder in eine Fleischbrühe, die anschliessend mit den Flöchets als Suppe aufgetragen wird. Sie waren eine Speise für hungrige Seelen, darum sagte man in der Sursalva: «Flutgets fan vegnir crets» (Knöpfli machen sanft).

POLENTAMALUNS

Zutaten:

250 g	*Maisgriess, grob (Bramata)*
1,5 dl	*Wasser*
1,5 dl	*Milch*
	Salz, Pfeffer, Muskat
150 g	*gekochte Kartoffeln, geschält und geraffelt (Röstiraffel)*
60 g	*Butter*

Vorbereiten: Maisgriess, Gewürze, Wasser und Milch verrühren und über Nacht stehen lassen.

Zubereiten: Geraffelte Kartoffeln unter die Maismasse rühren und diese in einer nicht klebenden Pfanne langsam in der Butter rösten. Nach einer Weile die Masse mit dem Holzspachtel zu kleinen Kügelchen stochern. Nach Belieben würzen.

POLENTA MIT DÖRRZWETSCHGEN

Pulenta cun brümblas sechantadas

Zutaten:

1 Msp	*Knoblauch, gepresst*
1 TL	*Schalotte, fein gehackt*
2 EL	*Butter*
4 dl	*Milch*
4 dl	*Wasser*
	Salz, Pfeffer, Muskat
160 g	*Maisgriess, grob (Bramata)*
1 EL	*Butter*
100 g	*Dörrzwetschgen, entsteint, in Streifen geschnitten*

Zubereiten: Knoblauch und Schalotten in der Butter dünsten. Mit dem Milchwasser ablöschen. Würzen. Maisgriess im Strahl in die kochende Flüssigkeit rühren. Während 45 Minuten in zugedeckter Pfanne auf kleinem Feuer kochen. Dörrzwetschgen in der Butter erwärmen.

Anrichten: Polenta auf Teller verteilen und Dörrzwetschgen dazugeben.

Bemerkung: Die Dörrzwetschgen können auch unter die Polenta gerührt werden.

KARTOFFEL-PIZOKEL

Bizoccals da mailinterra

Zutaten:

100 g	*Mehl*
5 EL	*Milch*
1	*Ei, verquirlt*
	Salz, Muskat
150 g	*rohe Kartoffeln, gerieben (Bircherraffel)*
2 EL	*Butter*
	Salz, Muskat

Zubereiten: Mehl, Milch und Ei zu einem geschmeidigen Teig rühren und würzen. Geriebene Kartoffeln dazugeben. Eine halbe Stunde ruhen lassen. Von einem Brett mit dem Holzspachtel Klösschen in siedendes Salzwasser abstechen. Sobald die Klösschen steigen, mit der Schaumkelle herausfischen und in der Butter schwenken. Nach Belieben mit Salz und Muskat nachwürzen.

DM 12,80 · SFR 12,80 · ÖS 99,80 · 2 · Februar 91/C 4701 E

MERIAN

Hannover

BUCHWEIZEN-PIZOKEL

Pizöcar

Zutaten:

150 g	*Weissmehl*
50 g	*Buchweizenmehl*
0,7 dl	*Milch*
	Salz, Pfeffer
2	*Eier, verquirlt*
50 g	*rohe Kartoffeln, fein gerieben (Bircherraffel)*
2 EL	*Butter*
	Salz, Muskat

Zubereiten: Weiss- und Buchweizenmehl zusammen mit den Gewürzen in eine Schüssel geben. Milch und Eier darunterrühren und zu einem geschmeidigen Teig verarbeiten. Geriebene Kartoffeln ebenfalls dazugeben. Teig eine halbe Stunde ruhen lassen.
Pizokelmasse durch ein Spätzlesieb drücken oder von einem Brett in siedendes Salzwasser schaben. Sobald die Pizokel an die Oberfläche kommen, mit einer Schaumkelle herausnehmen und in geschmolzener Butter schwenken. Nach Belieben mit Salz und Muskat nachwürzen.

Der aus dem Osten stammende Buchweizen, im Italienischen *grano saraceno,* im Romanischen *furmantun nair* oder *haida* genannt (aus den Ländern der «Heiden» stammend, wo diese Heidenkornart verbreitet ist), hat eine charakteristische schwarzbraune Färbung, und es wird ihm auch eine leicht berauschende Wirkung zugeschrieben. Mit Buchweizenmehl zubereitete Pizokel sind zur eigentlichen Spezialität des benachbarten Puschlavs geworden.

KARTOFFELFUCHS

Zutaten:

600 g	*Kartoffeln (stärkehaltige Sorte), in grosse Stücke geschnitten*
3	*Eigelb*
	Salz, Muskat, Pfeffer
	wenig Mehl
30 g	*Butter*

Zubereiten: Kartoffeln über Dampf oder im Salzwasser weich kochen. Gut trocknen lassen. Passieren (Passevite). Eigelb darunterrühren. Würzen. Wenn die Masse zu feucht ist, etwas Mehl dazugeben. Walnussgrosse Kugeln formen und in der Butter gleichmässig gelb braten. Sofort servieren.

GNOCCHI

Gnocs

Zutaten:

5 dl	*Milch*
	Salz, Pfeffer, Muskat
2 EL	*Butter*
110 g	*Weizengriess*
2	*Eigelb*
30 g	*Butter*

Zubereiten: Milch, Gewürze und Butter erhitzen. Weizengriess im Strahl in die kochende Milch rühren und 5 bis 10 Minuten zu einer dicken Masse einkochen. Pfanne vom Herd nehmen. Eigelb unter die warme Masse rühren und diese auf einem nassen Blech 2 cm dick ausstreichen. Nach dem Erkalten beliebige Formen (Mond, Rondellen usw.) ausstechen und diese in der Butter goldgelb braten.

Bemerkung: Der Masse kann nach Belieben etwas geriebener Käse beigegeben werden.

Ein *gnoc, gnoccal, gnoccalet* usw. bezeichnet im Engadin in übertragener Bedeutung einen Knirps oder eine dickliche Person. Auch in sursilvanischen Sprichwörtern finden wir *gnocs.* So heisst es, wenn man sich nicht den Umständen gemäss verhält «cuschinar gronds gnocs per pintgas buccas» (grosse Gnocchi für kleine Mäuler kochen).

WIRSINGKÖPFCHEN

Zutaten:

4	*grosse Wirsingblätter*
1 TL	*Butter*
160 g	*Karotten*
160 g	*Kohlrabi*
160 g	*Zucchetti*
1 EL	*Butter*
	Salz, Pfeffer

Zubereiten: Wirsingblätter über Dampf oder im Salzwasser knackig kochen. Abkühlen. 4 Formen mit Butter ausstreichen und mit den Blättern auslegen. Kohlrabi, Karotten und Zucchetti in ½ cm grosse Würfel schneiden. Kohlrabi und Karotten über Dampf oder im Salzwasser knackig kochen. Die drei Gemüse in der Butter wenden und würzen. Gemüse in die Formen füllen. Wirsingblätter einschlagen. Im vorgeheizten Ofen bei 160 Grad 15 Minuten erwärmen.

Anrichten: Wirsingköpfchen stürzen. Mit Butter bepinseln und sofort servieren.

MALUNS

Zutaten:

500 g	*Kartoffeln*
	Salz, Pfeffer, Muskat
175 g	*Mehl*
100 g	*Butter*

Vorbereiten: Kartoffeln 1 bis 2 Tage im voraus in der Schale nicht zu weich kochen.

Zubereiten: Kartoffeln schälen und raffeln (Röstiraffel). Würzen. Mehl unter die Kartoffeln mischen. Butter in einer nicht klebenden Pfanne schmelzen. Kartoffelmasse beigeben und unter ständigem Wenden und Stochern zirka 20 Minuten braten, bis kleine Kügelchen entstehen.

Bemerkung: Maluns muss unbedingt frisch zubereitet gegessen werden. Maluns passt ausgezeichnet zu Früchtekompott oder, wie früher, zu Milchkaffee zum Frühstück.

Die Zeitschrift «Der Sammler» dokumentiert nach Einführung der Kartoffel in Graubünden das anfängliche Misstrauen: «Sicher ist es, dass schon im Jahre 1717 zu Marschlinz in dem Garten einige Kartoffeln gepflanzt wurden, dass aber weder Knechte noch Mägde davon essen wollten, weil sie es für eine ungesunde, febrilische Speise hielten.» Wie kreativ sie später mit dieser neuen Erdfrucht umgegangen sind, zeigt unter anderem die Bündner Spezialität Maluns, im Engadin auch *micluns* genannt.

KARTOFFELNUDELN

Zutaten:

400 g	*Kartoffeln (stärkehaltige Sorte), in grosse Stücke geschnitten*
3	*Eigelb*
	Salz, Pfeffer, Muskat
150 g	*Mehl*
4 EL	*Butter*

Zubereiten: Kartoffeln über Dampf oder im Salzwasser weich kochen. Gut trocknen lassen. Passieren (Passvite). Eigelb darunterrühren. Würzen. Mehl beigeben und zu einem geschmeidigen Teig verarbeiten. Auf bemehlter Unterlage aus der Masse Rollen drehen. Sie sollen in der Mitte zirka 1 cm Durchmesser haben und auf beiden Seiten dünn auslaufen. Länge der Rollen zirka 8 cm. Kartoffelnudeln in der Butter braten.

PLAIN IN PIGNA

Zutaten:

600 g	*rohe Kartoffeln, geraffelt (Röstiraffel)*
50 g	*Salsiz (würzige Trockenwurst, der Salami ähnlich), klein gewürfelt*
50 g	*Magerspeck, klein gewürfelt*
1 EL	*Mehl*
	Salz, Muskat
15 g	*Maisgriess, grob (Bramata)*
30 g	*Butter*

Zubereiten: Gratinform mit Butter ausstreichen, sämtliche Zutaten mischen und in die Form füllen. Sie soll mindestens 3 cm hoch gefüllt sein. Plain in pigna im vorgeheizten Ofen bei 180 Grad 1 Stunde backen.

Bemerkung: Plain in pigna sparsam würzen, da Speck und Salsiz reichlich Würze haben.

Der *plain in pigna* ist eine typische Engadiner Spezialität, die früher im Stubenofen oder im Backofen auf der Glut gebacken wurde. Von Dorf zu Dorf, ja von Familie zu Familie unterscheiden sich die Zubereitungsarten in Nuancen. In Ramosch im Unterengadin heisst das gleiche Gericht *umpli sech.* Auch hier zeigt sich, wie kreativ eine bäuerliche Gesellschaft mit der neu eingeführten Kartoffel umgegangen ist.

KARTOFFELKÜCHLEIN

Zutaten:

400 g	*Kartoffeln (stärkehaltige Sorte), in grosse Stücke geschnitten*
	Salz, Pfeffer, Muskat
2	*Eigelb*
	Mehl
3 EL	*Butter*

Zubereiten: Kartoffeln über Dampf oder im Salzwasser weich kochen. Gut trocknen lassen. Kartoffeln passieren (Passevite) und würzen. Eigelb darunterrühren. Kartoffelmasse auf mit Mehl bestäubter Fläche 1 cm dick ausrollen. Mit dem Fischausstecher (oder anderer Form) Formen ausstechen. In der Butter goldbraun backen.

Bemerkung: Statt Formen auszustechen, können Rollen von 5 cm Durchmesser gedreht werden. Diese in Scheiben schneiden.

KARTOFFEL-PITTE MIT DÖRRBIRNEN

Variante I

Zutaten:

4 grosse	*Kartoffeln zu zirka 200 g*
	Salz, Muskat
0,5 dl	*Milch*
0,5 dl	*Schlagrahm*
1 EL	*Butter*
2 dl	*Rindsbouillon*
50 g	*Dörrbirnen, kleingeschnitten*
1 TL	*Butter*

Vorbereiten: Dörrbirnen am Vortag einweichen.

Zubereiten: Kartoffeln schälen, oberes Drittel wegschneiden und Böden aushöhlen. Der fertige Boden soll zirka 100 g wiegen. Kartoffelreste über Dampf oder im Salzwasser weich kochen und passieren. Mit Salz und Muskat würzen. Butter (1 EL auf 400 g Kartoffeln) und Schlagrahm darunterrühren. Es soll eine spritzfähige, nicht zu feuchte Masse geben.
Kartoffelböden in der Rindsbouillon bei 200 Grad im Ofen 15 Minuten garen. Dörrbirnen in der Butter erwärmen.

Anrichten: Kartoffelmasse in die Böden dressieren. Kleingeschnittene Dörrbirnen darüberstreuen und sofort servieren.

Der Begriff *pitta* oder *petta* bezeichnet in ganz Romanischbünden (ausser dem Engadin) und Deutschbünden alles, was man gewöhnlich unter Aufläufen und Wähen – süss oder salzig – versteht. Früher profitierte man von der Hitze des Brotbackens und schob übriggebliebenen Teig als *pitta* in den noch heissen Ofen. Das Wort ist der griechische Begriff für Kuchen, kommt aber auch im Kalabresischen vor und ist mit der italienischen *pizza* verwandt. Im Romanischen hat es auch den Wortstamm für *bizoccal* abgegeben.

KARTOFFEL-PITTE

Variante II

Zutaten:

500 g	*Kartoffeln (stärkehaltige Sorte), in grosse Würfel geschnitten*
2	*Eigelb*
60 g	*Weinbeeren*
	Salz, Pfeffer, Muskat
120 g	*Butter, weich*
	Eigelb zum Bestreichen

Zubereiten: Kartoffeln über Dampf oder im Salzwasser weich kochen. Gut trocknen lassen. Kartoffeln passieren (Passevite). Eigelb und Weinbeeren darunterrühren. Würzen. Kartoffelmasse auf wenig Mehl 1 cm dick ausrollen. Butter daraufstreichen. Einschlagen wie einen Blätterteig. Diesen Arbeitsvorgang zwei- bis dreimal wiederholen.
Teig 1,5 cm dick ausrollen. Rechtecke von zirka 8 × 3 cm schneiden. Auf ein gefettetes Blech legen. Mit Eigelb bestreichen und im vorgeheizten Ofen bei 200 Grad 10 bis 15 Minuten backen. Sofort servieren.

ESSIGZWETSCHGEN

Brümblas in aschaid (zu Ardezer Fleischtorte Tumasch)

Zutaten:

250 g	*Zwetschgen*
150 g	*Zucker*
6 EL	*Rotwein*
1 EL	*Essig*
1	*Nelke*
1	*Zimtstange (1 cm)*

Zubereiten: Zwetschgen mit einem Tuch abreiben. Mit einer Nadel rundum einstechen und in einen Topf legen. Rotwein samt übrigen Zutaten zum Kochen bringen. Den Sirup über die Zwetschgen giessen. 24 Stunden ziehen lassen. Flüssigkeit in einer Pfanne auffangen und bei niedriger Temperatur etwas einreduzieren lassen. Sirup zu den Zwetschgen zurückgiessen und weitere 24 Stunden marinieren. Jetzt Zwetschgen samt Flüssigkeit langsam aufkochen, bis die Früchte zu platzen beginnen. Die Zwetschgen mit einer Schaumkelle abschöpfen und in Gläser füllen. Den Sirup aufkochen und ebenfalls ins Glas geben. Gläser verschliessen und erkalten lassen.

Die auch zum Dörren gut geeigneten Zwetschgen waren in Graubünden schon im Mittelalter verbreitet. Einen ersten schriftlichen Hinweis finden wir allerdings erst in der Beschreibung Bündens durch Duri Campell aus dem Jahre 1572, in der er die vorzüglichen Kirschen und Zwetschgen aus Giarsun unterhalb Guarda rühmt.
Der im Unterengadin bekannte Ausdruck «avair la brümbla» bedeutet «schlecht gelaunt sein», was allerdings nach Verzehr der «brümblas in aschaid» kaum der Fall sein dürfte.

DESSERTS UND GEBÄCK

«Vainst cun paun cun pera
tuot fo bella tschera»

«Vainst cun paun cun pera tuot fo bella tschera».

«Wenn du mit Birnbrot kommst, machen alle eine schöne Miene».

Dieses Sprichwort weist wohl auf das diplomatische Geschick der Bündner hin, das sie brauchten, um im Ausland als Zuckerbäcker ihr Glück zu finden und ihre Stellung zu sichern. Dabei bildete die Republik Venedig vor allem für die Engadiner einen Hauptanziehungspunkt. Ein Chronist aus dem 18. Jahrhundert stellt fest: «Von allerhand Sorten Bündner sollen gegen 3000 in Venedig sich befinden, und von dannen ihr Brod ziechen, die meisten aber sind Engadiner und Pargeller. Die obern Engadiner participiren etwas mehr von der Italienern eigenen Geschwindigkeit und Höflichkeit, die im undern Engadin hingegen sind in genere etwas rauch und grob von Sitten. Übrigens ist die ganze Nation im undern und obern Engadin ein frisch Volk, auch geschwind in Ränken, dass Ausländer, die mit ihnen handlen wollen, sich vorzusehen haben, dass sie nicht verkürzet werden.» Die Serenissima wusste sich wirklich kaum der Bündner Einwanderung und baldigen Monopolstellung zu erwehren, sodass sie 1766 durch Kündigung eines Allianzvertrages den Bündnern das Betreiben jeglichen Gewerbes in ihrem Hoheitsgebiet untersagte.

Doch die Bündner wanderten auch in andere Gebiete aus und dies gab der Kultur- und Wirtschaftsgeschichte Graubündens eine besondere Prägung. Das Oberengadin mit der längsten Auswanderungstradition hat wirtschaftlich am meisten davon profitiert: Im 19. Jahrhundert entwickelte es sich zum ersten Finanzplatz des Kantons, was für die Entwicklung des Tourismus von ausschlaggebender Bedeutung war. Erstaunlicherweise wurde und wird das Konditoreigewerbe im Tale selbst von eingewanderten Ausländern ausgeübt, dies obwohl eine lange Tradition an einheimischen Backwaren und Süssspeisen besteht. Schon Sererhard schreibt in seiner Chronik (1742), dass die Oberengadiner im Herbst die Arvenzapfen sammeln und «die sehr kleinen Nüsslein aus den harzichten Zäpfen ausklauben, solche auch an andere Orte verkaufen, im Lande aber warten sie damit den Fremdlingen auf, als mit einer Rarität wie an anderen Orten mit Mandlen. Sie dienen nur zum Zeitvertreib und gleichwohl hinderlassen auch die sehr kleine Körnlein der Zungen einen agreablen Gust. Die Ober-Engadiner Lebzelten oder Lebkuchen sind auch berühmt und ein delicates Confect, indeme nirgend so gute zu finden als im obern Engadin.»

Der Gugelhopf wird im Engadin *paun da Spagna* oder *bütschella tudais-cha* genannt und wurde aus besserem Mehl besonders an Weihnachten und Ostern hergestellt. Ein altes Rezept zeigt uns, dass «per fer ün Cugelhof» St. Galler Mehl verwendet werden sollte. Dieses zugekaufte feine Weissmehl, wie es in den Bündner Mühlen nicht hergestellt werden konnte, verdankt seinen Namen dem St. Gallus Markt, der jeweils am 16. Oktober in Laax stattfand und seit 1300 bezeugt ist.

Der Engadiner Dichter Giovannes Mathis (1824–1912) beschreibt die Köstlichkeiten, die während eines Waschtages als *merenda* eingenommen werden:

Cò fé's flettas cun puina, he piglio trais dal taschin.
Sagé güsta ma fuatscha, quist zwibac cot nel fuornin.
Als craschaints, bastards e tusa, quels povrets, onur nu'ls fais,
Pür varò's' na breva bligna, ho già d'lönch battieu las trais!

Streicht euch Brotschnitten mit Quark, ich habe drei vom Taschin (allgemeiner Name für italienische Älpler und Hirten) gekauft. Versucht meine *fuatscha,* diesen im Ofen gebackenen Zwieback. Ihr tut den *craschaints* (fladenartigen fetten Teigkuchen), *bastards* (ovale Brötchen mit Weinbeeren) und der *tusa* (Griebenkuchen), diesen Armen, keine Ehre an.
Und doch werdet ihr vor Hunger fast vergehen, hat es doch seit langem schon drei Uhr geschlagen.

Die Engadiner Nusstorte ist ein beliebtes Exportprodukt der Engadiner Konditoren und Zeugnis einer reichen Zuckerbäckertradition, die fremde Einflüsse in die Engadiner Backkunst gebracht hat.

Auch ein sehr verbreiteter Kindervers, der vor allem auf der Schaukel aufgesagt wurde, bezieht sich auf Süssspeisen:

Bom ban, sain mezdan,
fuatschas grassas nan da Ftan,
saramonas vi d'Ardez,
bratschadellas sü Zernez,
biscutins giò da Lavin,
bom ban, ruot las coppas dal taschin.

Bom ban, mittlere Glocke,
fuatschas grassas von Ftan rüber,
Komplimente in Ardez,
Ringbrote in Zernez oben,
Eierbrötchen von Lavin herab,
Bom ban, zerbrochen sind die Schüsseln des Taschin.

Dass alle diese Süssspeisen aber die Bedeutung des Brotes nicht schmälerten, zeigt die Redewendung, mit der die Engadiner Gleiches mit Gleichem vergelten: «Render pan per fuatscha» (Ein Brot für eine fuatscha zurückgeben).

Dies ist ein Hinweis unter vielen, dass trotz des beginnenden Wohlstandes im Engadin die Grundlagen der bäuerlichen Kultur nicht in Vergessenheit gerieten. Es muss auch festgestellt werden, dass bei weitem nicht alle Bündner es in der Fremde zu Wohlstand und Reichtum brachten. Die Verkaufsläden und Konditoreien der Zuckerbäcker zeigten häufig nur die Vorderansicht. Dahinter versteckten sich feuchte und dunkle Backstuben mit schlechten Arbeitsbedingungen. Eine Minderheit kehrte trotzdem wohlhabend in die Heimat zurück und errichtete dort als Statussymbole herrschaftliche Prunkhäuser, die noch heute in vielen Bündner Dörfern das Dorfbild prägen. Diesen arrivierten Landsleuten erwies der S-chanfer Dichter Simeon Caratsch (1826–1891) eine Hommage in einem humorvollen Gedicht. Es beginnt mit folgenden Strophen:

O abitants d'las Engiadinas,
Perche giais taunt pel muond intuorn?
Perche, fabrichand tampastinas
Ed ogni sort lavuors da fuorn,
Mettais pertuot sü grand butias
Da pastiziers e dutscharias?

Oh Einwohner beider Engadine, warum reist ihr so sehr in der Welt umher? Warum errichtet ihr überall grosse Konditoreien und «fabriziert» Zuckerwerk und alle Arten von Ofengebäck?

Respuoder spert a têl' dumanda
Be cun duos pleds vögl eau dalum:
Que ais per fer furtüna granda
E metter schiltas a mantun,
Onde pü tard in Engiadina
Fer ils rentiers sün il baunch d'pigna!

Sofort will ich diese Fragen in zwei Sätzen beantworten: Dies tun sie, um grossen Reichtum zu erlangen, um viel Geld auf die Seite zu legen, womit sie später im Engadin auf dem Ofenbänkchen ihren Lebensabend verbringen!

HOLUNDERKOMPOTT MIT SÜSSEN TATSCHKÜCHLEIN

Sü da savü cun vaischlas

Zutaten für 4 Küchlein:

1,25 dl	*Milch*
1	*Ei*
2 TL	*Zucker*
30 g	*Sultaninen*
50 g	*Biskuitbrösel*
1 Msp	*Zimtpulver*
2 EL	*Butter*

Für das Holunderkompott:

250 g	*Holunder*
30–40 g	*Zucker, je nach Geschmack*
½	*Vanilleschote*
1 dl	*Weisswein*

Zubereiten: Für das Holunderkompott Dolden waschen und abtropfen lassen. Beeren ablesen und zusammen mit dem Zucker, der aufgeschlitzten Vanilleschote und dem Weisswein aufkochen. Vanilleschote herausnehmen. Beeren in ein Sieb geben und dabei den Saft auffangen. ⅓ des Holunders pürieren und durch ein Sieb streichen. Püree mit den ganzen Beeren mischen und etwas Holundersaft darunterrühren.
Für den Tatsch die Milch, das Ei und den Zucker gut verrühren. Sultaninen, Biskuitbrösel und Zimt daruntergeben. Biskuitmasse etwas stehen lassen. In kleiner Teflonpfanne in der Butter vier Küchlein einzeln beidseitig goldgelb backen.

Anrichten: Küchlein in der Tellermitte anrichten. Erwärmtes Holunderkompott um den Tatsch geben und sofort servieren.

In einem Limerick von Armon Planta kommt der Holunder sogar zu literarischen Ehren. Es heisst darin, dass einer aus Lü im Münstertal hinaufgerannt ist, weil er wusste, dass es oben Holunder habe; mit Freude hat er ihn gepflückt, weil er wusste, dass es davon guten Saft gibt:

Da quasü es cuorrü ün da Lü,
l'ha savü cha quasü es savü.
Quasü ha'l clet
il savü cun dalet,
l'ha savü cha savü dà bun sü.

HONIGÄPFEL AN APFELSAFTSAUCE

Zutaten:

4	*grosse Gravensteiner-Äpfel oder andere säuerliche Sorte*
2 dl	*Apfelsaft (unvergoren)*
1 EL	*Honig*
40 g	*Sultaninen*
10	*Baumnüsse (Walnüsse), entkernt und halbiert*
0,5 dl	*Gravensteiner-Branntwein*
30 g	*Butterflocken, sehr kalt*

Vorbereiten: Sultaninen über Nacht in Apfelsaft einlegen.

Zubereiten: Äpfel schälen, Kerngehäuse ausstechen und in 1½ cm dicke Scheiben schneiden. Apfelsaft und Honig aufkochen. Apfelrondellen in die Flüssigkeit legen und bei niedrigster Temperatur weich kochen. Garvorgang überwachen, damit die Äpfel nicht zerfallen. Apfelscheiben warm stellen. Gravensteiner-Branntwein zu Apfelsaft geben und auf ⅓ einkochen lassen. Nüsse, Sultaninen und kalte Butterflocken in den warmen Apfelfond rühren.

Anrichten: Apfelrondellen auf Teller anrichten. Mit dem warmen Fond übergiessen. Sehr gut dazu schmeckt eine Kugel Vanille- oder Zimteis.

BROTPUDDING

Budin da paun

Zutaten für 4 Förmchen:

60 g	*Sultaninen*
3 EL	*Butter, flüssig*
100 g	*Weissbrot, gewürfelt*
2	*Eigelb*
	Zitronenzesten
	Nelkenpulver
80 g	*Haselnüsse, grob gehackt*
1 TL	*Weinbrand*
40 g	*Zucker*
	Zitronensaft
1 dl	*Milch*
2	*Eiweiss*

Für die Weinschaumsauce:

2	*Eigelb*
1	*Ei*
1 dl	*Malanser Riesling x Sylvaner*
30 g	*Zucker*

Zubereiten: Sultaninen 15 Minuten im warmen Wasser einweichen.
Für den Brotpudding sämtliche Zutaten, ausser dem Eiweiss, verrühren. Eiweiss steifschlagen und vorsichtig unter die Brotmasse heben. Förmchen ausbuttern. Den Pudding einfüllen. Im Wasserbad im vorgeheizten Ofen auf mittlerer Rille bei 180 Grad 40 Minuten pochieren (das Wasser darf nicht kochen).
Für die Weinschaumsauce sämtliche Zutaten in eine Schüssel geben und im heissen Wasserbad solange schaumig schlagen, bis die Creme bindet.

Anrichten: Weinschaum in tiefe Teller giessen. Brotpudding in die Mitte stürzen. Das Dessert kann nach Belieben noch mit karamelisierten Mandeln garniert werden.

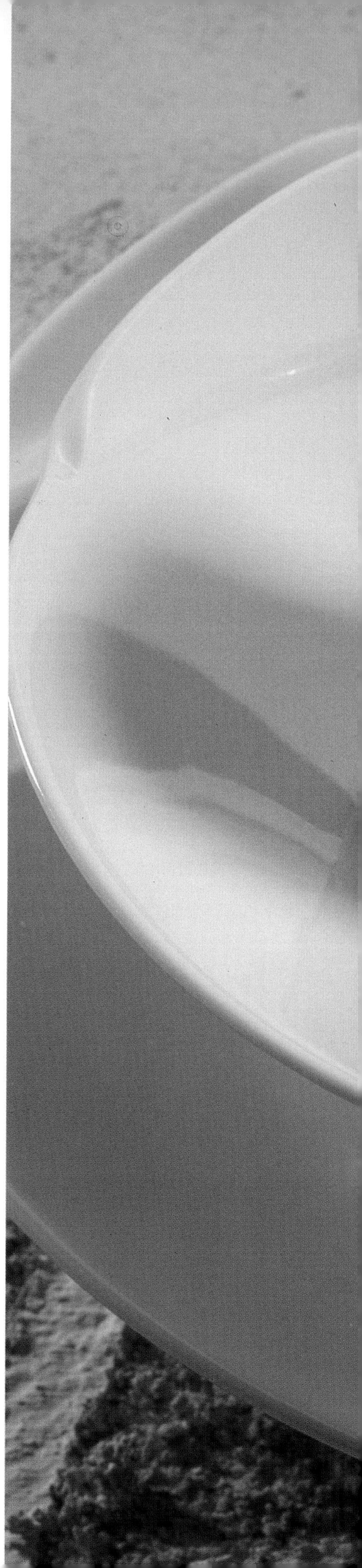

POCHIERTE RÖTELI-BIRNEN

Roter Fond:

60 g	*Zucker*
1,5 dl	*Rötelilikör (Rezept Seite 174)*
0,5 dl	*Wasser*

Weisser Fond:

90 g	*Zucker*
2 dl	*Weisswein*
0,5 dl	*Wasser*
wenig	*Zimtstange*

Birnencreme:

2 dl	*Weisswein-Birnen-Fond*
1 TL	*Williamine*
1 EL	*Vanillecrèmepulver, mit wenig Wasser angerührt*
1 dl	*Schlagrahm*
4	*Birnen, z. B. Williams, mit Stiel*

Vorbereiten: Roten und weissen Fond in je einer Pfanne aufkochen. Birnen schälen. Stielansatz mit Stiel (Birnenkopf) abschneiden. Birnen halbieren. Kerngehäuse entfernen. Pro Birnenhälfte in Längsrichtung zirka 8 bis 10 gleichmässige Schnitze schneiden.

Zubereiten: Die Hälfte der Schnitze zusammen mit den «Birnenköpfen» im roten Fond weich pochieren. Die restlichen Schnitze im weissen Fond pochieren. Birnen im Fond erkalten lassen.
Weisswein-Birnenfond mit Williamine in separater Pfanne aufkochen. Mit angerührtem Vanillecremepulver binden. Creme erkalten lassen und den Schlagrahm darunterziehen.

Anrichten: Creme in Tellermitte verteilen. «Birnenkopf» in die Mitte setzen. Abgetropfte Birnenschnitze abwechslungsweise rundum fächerartig anrichten.

Tip: Rötelilikör ist im Fachhandel erhältlich.

MAIENFELDER SAUSERMOUSSE IN HÜPPENTÖPFCHEN

Zutaten:

1	*Rezeptmenge Hüppenteig (siehe Rezept Hüppensterne Seite 156)*
wenig	*Kakaopulver*

Für das Sausermousse:

2,5 dl	*Sauser (halb vergorener Traubensaft)*
30 g	*Zucker*
2 EL	*Vanillecremepulver zum Binden, mit wenig Wasser angerührt*
1,5 dl	*Schlagrahm*

Für die Garnitur:

12 grosse	*weisse Traubenbeeren*
12 grosse	*blaue Traubenbeeren*

Zubereiten: Für die Hüppen 2 Teelöffel Teig mit wenig Kakaopulver färben. Restlichen Teig mittels Schablone 2 mm dick auf ein gebuttertes Blech streichen. Ein Papier zu einer Tüte formen, braune Teigmasse einfüllen, die Spitze der Tüte wegschneiden und die Hüppen damit verzieren. Im vorgeheizten Ofen bei 220 Grad backen, bis die Ränder Farbe annehmen. Töpfchen vorsichtig vom Blech lösen und in die runde Form drücken. Erkalten lassen.
Für die Sausermousse den Zucker und den Sauser aufkochen. Mit dem Cremepulver binden und erkalten lassen. Schlagrahm darunterziehen. Masse in einen Spritzsack mit grosser Sterntülle füllen.

Schablone: Vorlage (Seite 180) mittels Seidenpapier 1:1 kopieren. Form auf 1–2 mm starken Karton übertragen und der Linie entlang ausschneiden.

Anrichten: Mit Vanillesauce einen runden Spiegel auf den Teller giessen. Hüppentöpfchen in die Mitte stellen und Sausermousse hineindressieren. Mit den halbierten weissen und blauen Trauben zwei Traubenkämme bilden (Stiel und Blatt aus Schokolade und Marzipan).

APFELCREME IN HÜPPENSTERN

Zutaten für die marinierten Zwetschgen:

3 dl	*Zizerser Rotwein*
90 g	*Zucker*
½	*Zimtstange*
etwas	*abgeriebene Zitronen- und Orangenschale*
6	*Zwetschgen, halbiert, entsteint*

Für 10 Hüppensterne:

1	*Eiweiss*
30 g	*Puderzucker*
30 g	*Mehl*
30 g	*Butter, flüssig*

Für die Apfelcreme:

2,5 dl	*Apfelsaft*
30 g	*Zucker*
30 g	*Apfelwürfelchen*
2 EL	*Vanillecremepulver, in Wasser angerührt*
1,5 dl	*Schlagrahm*

Für die gekochten Apfelschnitze:

5 dl	*Wasser*
1 dl	*Weisswein*
200 g	*Zucker*
24	*Apfelschnitze (z. B. Golden Delicious)*

Vorbereiten: Für die marinierten Zwetschgen sämtliche Zutaten aufkochen. Über Nacht in der Flüssigkeit ziehen lassen. Je länger die Zwetschgen in der Marinade liegen, desto aromatischer werden sie.
Für die Sternschablone analog Beschrieb Hüppentöpfchen Seite 144 vorgehen. Man zeichnet selber einen Stern oder verwendet eine Ausstechform.

Zubereiten: Für Apfelcreme Apfelsaft und Zucker aufkochen. Vanillecremepulver und Apfelwürfelchen beigeben und nochmals kurz aufkochen. Creme erkalten lassen. Vor dem Servieren den Schlagrahm darunterziehen.
Für die gekochten Apfelschnitze Wasser, Weisswein und Zucker aufkochen. Apfelschnitze auf kleinem Feuer im Sud 2 Minuten kochen. Erkalten lassen.
Für den Hüppenteig Eiweiss und Puderzucker verrühren. Mehl und flüssige Butter daruntermischen und glattrühren. Den Teig zugedeckt im Kühlschrank 2 Stunden ruhen lassen. Sternschablone auf ein gebuttertes Blech legen. Masse mit Teigspachtel 2 mm dick auftragen. Im vorgeheizten Ofen bei 220 Grad solange backen, bis die Ränder Farbe annehmen. Hüppensterne sorgfältig vom Blech lösen und über gestürzte Gläser legen. Sternspitzen leicht nach unten drücken. Auskühlen lassen.

Anrichten: Apfelcreme in einen Spritzsack mit grosser Tülle füllen und in die Hüppensterne dressieren. Gefüllte Hüppensterne in die Mitte eines Tellers stellen. Ringsum mit Apfelschnitzen und den halbwarmen marinierten Zwetschgen, zusammen mit etwas Marinade, garnieren.

TEIGTASCHEN MIT DÖRRFRÜCHTEN GEFÜLLT

ergibt 50 Teigtaschen

Zutaten:

1	*Eigelb*
1 dl	*Wasser*
25 g	*Zucker*
25 g	*Öl*
¼ TL	*Salz*
250 g	*Mehl*

Für die Füllung:

1 dl	*Rahm*
1 EL	*Honig*
1 EL	*Puderzucker*
je 1 Prise	*Zimt, Nelkenpulver und Vanillezucker*
100 g	*getrocknete Aprikosen*
70 g	*getrocknete Äpfel*
60 g	*getrocknete Birnen*
40 g	*kleingehackte Baumnusskerne (Walnüsse)*
1	*Zitrone, Saft davon*

Für das Zwetschgenmark:

150 g	*Zwetschgen*
2 EL	*Zucker*
3 EL	*Weisswein*

Vorbereiten am Vortag: Für den Teig Eigelb, Wasser, Zucker, Öl und Salz in einer Schüssel verrühren. Mehl beigeben und den Teig zirka 6 Minuten mit der Maschine oder von Hand kneten. Der Teig soll sich von der Schüssel lösen und elastisch sein. Über Nacht zugedeckt im Kühlschrank ruhen lassen.

Zubereiten: Dörrfrüchte in kleine Würfelchen schneiden und in ½ Liter Wasser 5 Minuten köcheln. Wasser weggiessen. Rahm, Honig, Aromastoffe und Puderzucker aufkochen. Dörrfrüchte, Nüsse und Zitronensaft beigeben.
Zwetschgen waschen, entsteinen und kleinschneiden. Zusammen mit dem Zucker und dem Weisswein aufkochen. Masse pürieren und durch ein Sieb streichen.
Auf dem Arbeitstisch ein Geschirrtuch ausbreiten. Dieses mit Mehl bestäuben. Teig halbieren. Die eine Hälfte von Hand in ein zirka 1 mm dickes, gleichmässiges Rechteck ziehen. Füllmasse mit dem Dressiersack mit kleiner Lochtülle im Abstand von 3 cm in kleinen Portionen (zirka 10 bis 15 g) auf den Teig dressieren. Zwischenräume mit Eigelb bepinseln. Zweites Teigstück gleich gross ziehen und auf das erste legen. Mit einem Holzstab Zwischenräume gut andrücken. Mit gewelltem Teigrädchen Taschen schneiden. Blech mit Papier belegen. Teigtaschen im vorgeheizten Ofen bei 200 Grad 5 bis 10 Minuten backen. Sie sollen gut aufgebläht und leicht gebräunt sein. Vor dem Servieren mit Puderzucker bestäuben.

Anrichten: Mit dem Zwetschgenmark einen Spiegel machen. Mit halbgeschlagenem Rahm eine Zeichnung anbringen. Heisse Teigtaschen rundum anrichten.

SCHAMSER BIESTTÖRTCHEN MIT SPITZBEEREN

Veschlas da cul da Schons cun vinatscha

Zutaten für 4 Törtchen:

100 g	*Spitzbeeren (Berberitze/Sauerdorn), gewaschen und gezupft*
70 g	*Zucker*
3 EL	*Wasser*
40 g	*Zucker*
2	*Eier*
2 dl	*Biestmilch oder Kuhmilch*
1 dl	*Rahm*
	Schlagrahm zum Garnieren
	Vanillesauce

Zubereitung: Aus den Spitzbeeren, Zucker und Wasser einen dicken Sirup kochen. In die Flanförmchen verteilen und kaltstellen.
Zucker und Eier schaumig rühren. Milch und Rahm aufkochen und unter die Eiermasse rühren. Durch ein Sieb passieren. Eiermasse in die erkalteten Flanförmchen füllen und bei 180 Grad im vorgeheizten Ofen im Wasserbad 40 Minuten pochieren (das Wasser darf nicht kochen). Auskühlen lassen.

Anrichten: In der Tellermitte mit beliebigem Fruchtmark (eventuell aus Spitzbeeren, Brombeeren, Heidelbeeren usw.) und Vanillesauce einen Spiegel machen. Das kalte Biesttörtchen darauf stürzen und mit wenig Schlagrahm und frischen Spitzbeeren garnieren.

Biestmilch (romanisch *cul, cuol, cuols*), d. h. die Milch nach dem Kalben, wird in ganz Graubünden zu beliebten Mehlspeisen verwertet. Laut gewissen Statuten durfte man diese Milch während acht Tagen nicht in die Sennerei bringen. Ein Beleg aus einem Hexenprozess im Surmeir deutet darauf hin, dass früher in Graubünden die Biestmilch den Armen gegeben wurde.

JOHANNISBEERKÜCHLEIN CAZISER ART

für 4 kleine Förmchen oder eine grosse Form

Zutaten:

2	*Eigelb*
1 EL	*Zucker*
	wenig Salz
0,3 dl	*Kaffeerahm (15% Fettgehalt)*
60 g	*Mehl*
2	*Eiweiss, steif geschlagen*
1 EL	*Butter*
100 g	*Johannisbeeren, gewaschen, abgelesen*
	Vanillesauce nach Belieben

Vorbereiten: Förmchen oder Form ausbuttern

Zubereiten: Eigelb mit dem Zucker schaumig schlagen. Salz beigeben, Kaffeerahm darunterrühren. Gesiebtes Mehl und steif geschlagenes Eiweiss abwechslungsweise sorgfältig darunterheben. Biscuitmasse in die Förmchen füllen. Johannisbeeren darauf verteilen. Bei 220 Grad im vorgeheizten Ofen ca. 10 Minuten backen.

Anrichten: Warmes Küchlein in der Tellermitte anrichten und mit Zucker bestreuen. Nach Belieben Vanillesauce um das Küchlein giessen. Mit Joannisbeeren, eventuell im Zucker gewendet, garnieren.

PUSCHLAVER MARRONIPUDDING

Zutaten:

150 g	*Marroni (Kastanien) gekocht und geschält*
80 g	*Zucker*
1 dl	*Weisswein*
3 Blatt	*Gelatine*
2 dl	*Milch*
¼	*Vanillestengel, aufgeschlitzt*
2	*Eigelb*
45 g	*Zucker*
100 g	*Marronipüree (Kastanienpüree), im Fachhandel gefroren erhältlich*
1 TL	*Kirsch*
1,2 dl	*Schlagrahm*

Zubereiten: Die 80 g Zucker in einer Gusseisenpfanne karamelisieren. Sobald der Zucker flüssig ist, mit dem Weisswein ablöschen. Marroni beigeben und im Karamelsirup zirka 8 Minuten kochen. Marroni abgiessen, dabei Flüssigkeit auffangen. 4 schöne Marroni auf die Seite stellen, den Rest in grobe Stücke schneiden.
Eigelb und Zucker schaumig rühren. Gelatine im kalten Wasser einweichen. Milch und Vanillestengel aufkochen. Eigelbmasse unter ständigem Rühren unter die erhitzte Milch geben. Masse erneut «vor das Kochen» bringen, d. h. die Masse darf auf keinen Fall mehr kochen, da das Eigelb sonst gerinnt. Ausgedrückte Gelatine beigeben und solange rühren, bis sie vollständig aufgelöst ist. Vanillestengel entfernen, Creme passieren und auskühlen lassen.
Kirsch unter das Marronipüree rühren. Bevor die Eiercreme eindickt, Marronipüree darunterrühren. Schlagrahm und karamelisierte Marronistückchen ebenfalls dazugeben. Masse in 4 Förmchen verteilen und diese kaltstellen.

Anrichten: Marronipudding auf Teller stürzen. Die ganzen Marroni im Karamelsirup erwärmen und zusammen mit etwas Sirup als Garnitur verwenden. Je nach Belieben mit Birnenschnitzen oder anderen Früchten garnieren.

Die in Romanisch- und Deutschbünden nur an wenigen, klimatisch bevorzugten Stellen wachsende Kastanie wurde seit jeher als Nahrungsmittel aus dem Süden importiert, wobei vor allem das Bergell und das Bleniotal als nachbarliche Lieferanten in Frage kamen. Allerdings weisen verschiedene Flurnamen im Domleschg und am Heinzenberg auf eine einstige Verbreitung der Edelkastanie auch in Rheinischbünden hin.

APRIKOSENAUFLAUF

Zutaten Omeletten (Pfannkuchen):

20 g	*Mehl*
1	*kleines Ei, verquirlt*
1 TL	*Zucker*
0,3 dl	*Rahm*
0,3 dl	*Milch*
1 Prise	*Salz*
1 TL	*Orangenzesten (dünn abgeschnittene Orangenschale)*
1 TL	*Butter*
60 g	*Aprikosen*

Für die Auflaufmasse:

2 EL	*Butter*
1 EL	*Mehl*
¼	*Vanillestengel, Mark davon*
0,6 dl	*Milch*
2	*Eigelb*
2	*Eiweiss*
2 EL	*Zucker*

Zubereiten: Für den Omelettenteig Mehl, Ei, Zucker, Rahm, Milch und Salz gut verrühren. In nicht klebender Pfanne Butter erwärmen und vier dünne Omeletten ausbacken.
Für die Auflaufmasse Butter erwärmen. Mehl beigeben und gut dünsten. Vanillestengelmark zur Milch geben. Milch unter kräftigem Rühren zum gedünsteten Mehl geben. So lange auf der Herdplatte lassen, bis sich Blasen bilden. Masse etwas auskühlen lassen. Dann die Eigelb darunterziehen. Eiweiss und Zucker steif schlagen und sorgfältig unter die Masse ziehen.
Omeletten in Förmchen legen. Aprikosen halbieren, entsteinen, in dünne Scheiben schneiden und in die Förmchen legen. Auflaufmasse darübergiessen. Im vorgeheizten Ofen bei 220 Grad 10 Minuten backen.

Anrichten: Auflauf aus der Form nehmen und mit Puderzucker bestäuben. Auf Teller anrichten. Nach Belieben mit Aprikosen- oder Himbeermark einen Spiegel machen. Eventuell noch Aprikosenkompott dazu servieren.

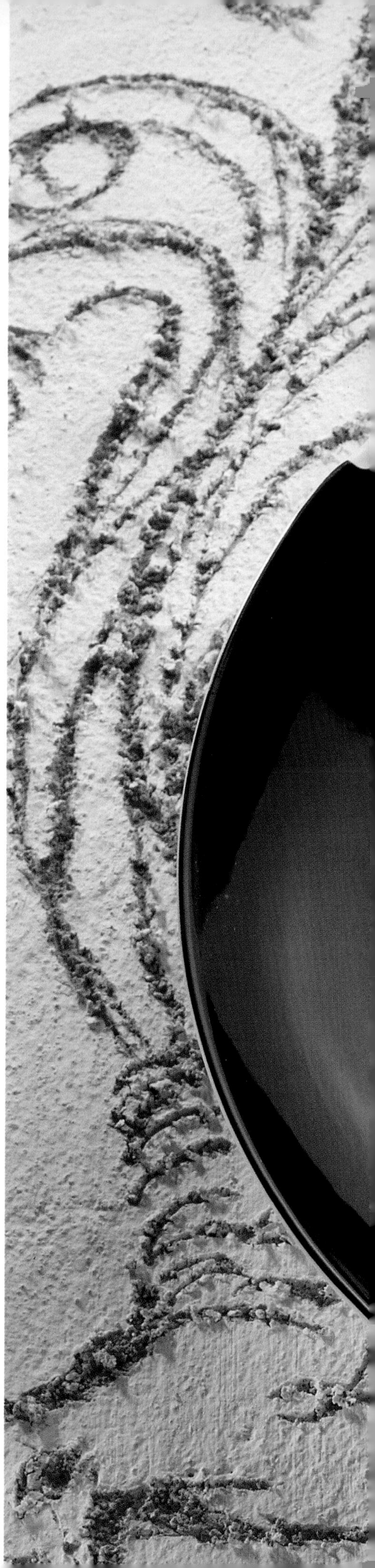

HEIDELBEERTÖRTCHEN

Zutaten:

100 g	*Zucker*
125 g	*Butter*
1	*Eigelb*
1 kleine	*Prise Salz*
	abgeriebene Zitronenschale
1 EL	*Wasser*
125 g	*Mehl*

Für die Füllung:

1	*Ei*
40 g	*Zucker*
1 dl	*Rahm*
1 dl	*Milch*
1 Prise	*Vanillezucker*
150 g	*Heidelbeeren*

Zubereiten: Für den Zuckerteig Zucker, Butter, Eigelb, Salz und abgeriebene Zitronenschale schaumig rühren. Das Wasser unter die Masse schlagen. Das Mehl von Hand leicht darunterkneten. Teig 2 Stunden kalt stellen. Förmchen ausbuttern. Teig 2 mm dick ausrollen und Rondellen ausstechen. In die Förmchen legen. Im vorgeheizten Ofen bei 190 Grad während 3 bis 5 Minuten hell ausbakken.

Für die Füllung sämtliche Zutaten zu einer glatten Masse rühren. Wenig Füllung in die Förmchen geben. Heidelbeeren darauflegen, je nach Grösse 4 bis 6 Beeren. Bei 170 Grad im vorgeheizten Ofen so lange backen, bis die Füllung eingedickt ist. Heidelbeertörtchen erkalten lassen. Mit Puderzucker bestäuben.

SCHOKOLADENMAKRÖNLI

Zutaten:

300 g	*Zucker*
3	*Eier*
200 g	*Schokoladenpulver, ungezuckert*
3 EL	*Maisstärkemehl*
300 g	*Mandeln, gemahlen*

Zubereiten: Zucker und Eier schaumig rühren. Schokoladenpulver, Maisstärkemehl mit den Mandeln mischen und unter die schaumige Masse rühren. Den Teig einige Stunden in Klarsichtfolie eingepackt im Kühlschrank ruhen lassen, damit er fest wird. Kleine Kugeln formen, diese auf ein mit Blechreinpapier belegtes Blech legen und über Nacht bei Zimmertemperatur trocknen lassen. Im vorgeheizten Ofen bei 250 Grad 3 bis 5 Minuten backen.

Bemerkung: Die Makrönli dürfen nur leicht springen.

DAVOSER ALPENBROT

Zutaten:

125 g	*Zucker*
125 g	*Butter, weich*
2	*Eier*
1 TL	*Zimt*
250 g	*Mehl*
125 g	*Haselnüsse, ganz*

Zubereiten: Haselnüsse im Ofen bei 200 Grad rösten. Zucker, Butter, Eier und Zimt schaumig rühren. Mit dem Mehl zu einem festen Teig kneten. Zuletzt die gerösteten Haselnüsse darunterkneten.
Teig zu Rollen von zirka 2,5 bis 3 cm Durchmesser drehen und über Nacht in Klarsichtfolie eingepackt im Kühlschrank ruhen lassen. 5 bis 7 mm dicke Rondellen schneiden und bei 200 Grad im vorgeheizten Ofen zirka 20 Minuten backen.

FUATSCHA GRASSA

Zutaten:

130 g	*Butter*
40 g	*Zucker*
1	*Ei*
1 Prise	*Salz*
	abgeriebene Zitronenschale
150–200 g	*Mehl*

Zubereiten: Butter, Zucker, Ei, Salz und abgeriebene Zitronenschale zu einem weichen Teig rühren. Mehl von Hand leicht darunterkneten. Teig kalt stellen. Gekühlten Teig 5 mm dick ausrollen und Rondellen von zirka 12 cm Durchmesser ausstechen (ergibt 2 bis 3 Stück). Mit Zucker bestreuen. Auf Blechreinpapier bei 180 Grad im vorgeheizten Ofen während 10 Minuten goldbraun backen.

Bemerkung: Fuatscha grassa werden als grosse Fladen ausgestochen. Aus dem Teig kann man jedoch auch Kleingebäck machen. In diesem Fall etwas dünner ausrollen.

Die *fuatscha,* dem Wort nach der italienischen *focaccia* zuzuordnen, ist *grassa,* weil sie mit viel Butter hergestellt wird. Je nachdem ist das Verhältnis Butter zu Mehl fast 1:1. Sie wurde vor allem an Festtagen oder anlässlich von Totenwachen aufgetragen und ist charakteristisch für das Unterengadin, wie der Gedichtvers bezeugt:
«... l'Engiadina bassa
Patria da l'uors es ella, e d'la fuatscha grassa.»
(Das Unterengadin ist die Heimat des Bären und der *fuatscha grassa.*)

VALLER MANDELSCHNITTLI

Zutaten:

120 g	*Butter*
200 g	*Zucker*
2	*Eier, verquirlt*
½	*abgeriebene Zitronenschale*
1 Msp	*Zimt*
1 Msp	*Nelkenpulver*
1 Prise	*Salz*
100 g	*geschälte Mandeln, gehobelt*
250 g	*Mehl*

Zubereiten: Zucker und Butter schaumig rühren. Eier, Zitronenschale, Zimt, Nelkenpulver und Salz darunterrühren. Mandeln und Mehl beigeben und zu einem festen Teig kneten. In Klarsichtfolie eingepackt im Kühlschrank 30 bis 60 Minuten ruhen lassen. Teig 4 mm dick auswallen und in Rechtecke von 2 × 4 cm schneiden. Mandelschnittli auf Blechreinpapier legen und im vorgeheizten Ofen bei 200 Grad zirka 12 Minuten knusprig backen.

GRASSINS

Zutaten:

200 g	*Butter*
120 g	*Zucker*
1 Prise	*Salz*
¼ TL	*Vanillezucker*
250 g	*Mehl*

Zubereiten: Butter, Zucker, Salz und Vanillezucker schaumig rühren. Mehl darunterrühren und den Teig leicht kneten. 30 Minuten kühl stellen. Den Teig 3 bis 4 mm dick ausrollen und Rondellen ausstechen. Rondellen kühl stellen. Bei zirka 180 Grad während 12 Minuten im vorgeheizten Ofen backen.

Bemerkung: Dieses Bündner Weihnachtsgebäck wird je nach Gegend auch mit Zimt (1 Msp) anstatt mit Vanillezucker gemacht.

Auch *grassins* oder *grassets* werden von *grass,* das auf deutsch fett, feist oder dick bedeutet, abgeleitet (vergleiche *fuatscha grassa).* Es handelt sich um ein schon früh bezeugtes Kleingebäck, das vor allem für die Festtage hergestellt wurde. Der Dichter Simon Caratsch (1826–1892) erwähnt die Leidenschaft des Engadiners «... d'ir in Italia, Frauntscha, Olanda/A fer grassets e bütschalôs» (nach Italien, Frankreich oder Holland auszuwandern, um dort *grassets* und Eierbrötchen zu machen).

HONIGRINGLI

Zutaten:

5	*Eiweiss*
250 g	*Zucker*
1 Msp	*Zimt*
40 g	*Honig, erhitzt*
250 g	*Mehl*

Zubereiten: Eiweiss steif schlagen. Zucker nach und nach darunterheben. Flüssigen Honig und Zimt zur Eiweissmasse geben. Mehl vorsichtig darunterziehen. Mittels Spritzsack mit Lochtülle Ringli auf Blechreinpapier dressieren. Honigringli im vorgeheizten Ofen bei 150 Grad 10–15 Minuten backen.

HEFEGUGELHOPF

grosse Form

Zutaten Vorteig (Hebel):

5 g	*Hefe*
0,6 dl	*Wasser*
100 g	*Weizenmehl*

Für den Teig:

0,6 dl	*Wasser*
5 g	*Hefe*
1 Prise	*Salz*
80 g	*Zucker*
3	*Eigelb*
250 g	*Weizenmehl*
60 g	*Butter*
130 g	*Sultaninen*

Zubereiten: Für den Vorteig Hefe im lauwarmen Wasser auflösen und mit dem Mehl verrühren. 2 Stunden zugedeckt an einem warmen Ort (30 °C) gehen lassen. Für den Teig Hefe im lauwarmen Wasser auflösen. Aufgelöste Hefe zusammen mit dem Salz, dem Zucker und dem Eigelb zum Vorteig geben und gut verrühren. Das Mehl beigeben und gut kneten. Butter flockenweise darunterarbeiten. Zum Schluss die Sultaninen beifügen. Aus dem Teig eine Kugel formen. Mit dem Finger in der Mitte ein Loch drücken und zu einem Ring ziehen. Den Ring in die gut gebutterte und gemehlte Form geben. Gugelhopf an der Wärme um das Doppelte aufgehen lassen. Das Gebäck im vorgeheizten Ofen bei 180 Grad 40 bis 50 Minuten backen. Gugelhopf auf ein Gitter stürzen und erkalten lassen. Nach Belieben mit Puderzucker bestäuben.

ENGADINER NUSSTORTE

Tuorta da nusch engiadinaisa

Für eine Springform von 26 cm Durchmesser:
Zutaten:

150 g	*Butter, zimmerwarm*
150 g	*Zucker*
1	*Ei*
½	*Eigelb*
	abgeriebene Zitronenschale
375 g	*Mehl*

Für die Füllung:

250 g	*Zucker*
2,5 dl	*Rahm*
25 g	*Bienenhonig*
250 g	*Baumnusskerne (Walnusskerne), halbiert*

Zubereiten: Für den Teig Butter, Zucker, Ei und Eigelb sowie abgeriebene Zitronenschale zu einer glatten Masse rühren. Mehl beigeben und zu einem Teig zusammenfügen. Nicht kneten. Teig 30 bis 60 Minuten kalt stellen.
Für die Füllung den Rahm erwärmen und den Honig dazugeben. In einer Gusseisenpfanne den Zucker karamelisieren. Mit dem Rahm ablöschen. Karamelmasse eindicken lassen. Zuletzt die Baumnüsse dazugeben.
Springformboden mit Blechreinpapier belegen. Teig in 3 Teile schneiden. Einen Teil direkt auf den Boden ausrollen. Springform zusammensetzen. Mit der zweiten Teighälfte eine Rolle drehen. Diese auf den Bodenrand setzen und gut andrücken. Rolle etwas hochziehen. Halbwarme Füllung in die Form geben. Aus dem dritten Teigstück einen Deckel ausrollen und diesen mit der Gabel stupfen. Den Rand mit Ei einstreichen und Deckel daraufsetzen und andrücken. Nusstorte bei 200 Grad im vorgeheizten Ofen während zirka 30 Minuten backen.

Die *tuorta da nusch* ist heute zum beliebten Exportprodukt der Engadiner Konditoren geworden. Sie führt die lange Zuckerbäckertradition des Engadins weiter, ja beweist eigentlich, dass mit der Rückkehr der Ausgewanderten fremde Einflüsse im Engadin Boden gefasst haben, weil Baumnüsse in den alpinen Hochtälern unbekannt waren. Der Ursprung der Engadiner Nusstorte ist in Frankreich zu suchen.

RÖTELILIKÖR

Zutaten:

2 l	*Branntwein*
200 g	*schwarze, getrocknete Kirschen*
½	*Vanilleschote*
½	*Zimtstange*
¼	*abgeriebene Zitronenschale (nur gelbe Teile)*
1 l	*Wasser*
250 g	*Zucker*

Zubereiten: Branntwein, getrocknete Kirschen und Aromastoffe verrühren und in Einmachgläser abfüllen. Unter öfterem Rühren zugedeckt an einem dunklen Ort 14 Tage stehenlassen.
Wasser und Zucker aufkochen. Erkalten lassen. Den Zuckersirup mit dem Branntwein mischen. Likör passieren und in Flaschen abfüllen.

IVALIKÖR

Zutaten:

2 l	*Branntwein*
4 EL	*Ivablüten**
1 l	*Wasser*
240 g	*Zucker*

Zubereiten: Ivablüten zum Branntwein geben. In eine Flasche abfüllen und an der Sonne 3 bis 4 Tage destillieren.
Wasser und Zucker aufkochen. Erkalten lassen. Den Branntwein zum Zuckersirup passieren. Likör in eine Flasche abfüllen und verschliessen. Nochmals einen Tag an die Sonne stellen. Dann an einem kühlen Ort aufbewahren.

* Iva (Achillea moschata) ist eine bittere Schafgarbe, die auf rund 2000 m Höhe wächst und im Herbst blüht. Sie wird oft von Jägern mit nach Hause gebracht.

NUSSLIKÖR

Zutaten:

15 bis 20	*grüne Haselnüsse (Ende Juni gepflückt), kleingeschnitten*
3 l	*Branntwein*
15 g	*gerösteter Kaffee, gemahlen*
2	*Bittermandeln, in Scheiben geschnitten*
¼	*Vanilleschote, kleingeschnitten*
750 g	*Zucker*

Zubereiten: Haselnüsse im Branntwein in Flaschen mit Verschluss einen Monat an dunklem Ort stehenlassen.
Kaffeepulver, kleingehackte Mandeln und feingeschnittene Vanilleschote zusammen mit dem Zucker zum Brannwein geben. Weitere 14 Tage stehenlassen. Filtrieren und in Flaschen abfüllen.

HOLUNDERLIMONADE

Zutaten:

7,5 l	*Wasser*
1 kg	*Zucker*
2	*Zitronen, kleingeschnitten*
4–5	*Holunderblütendolden*

Zubereiten: Sämtliche Zutaten in einen Topf geben und 48 Stunden stehen lassen. Passieren, in Flaschen abfüllen, verkorken oder zubinden. So lange an der Sonne stehen lassen, bis die Limonade perlt. Alsdann an einem kühlen Ort aufbewahren.

Bemerkung: Die Limonade muss innerhalb von 1 Monat konsumiert werden.

BÜNDNER FRÜCHTEBROT

1 grosses Brot

Zutaten:

1 TL	*Salz*
1 dl	*Milch*
8 g	*Hefe*
1 Prise	*Zucker*
25 g	*Weizenkleie*
160 g	*Ruchmehl*
15 g	*Butter, weich*

Für die Füllung:

100 g	*Rohrohrzucker*
200 g	*Weizenmehl*
1 Prise	*Zimt*
1 Msp	*Nelkenpulver*
1 TL	*Birnenbrotgewürz*
100 g	*Sultaninen*
100 g	*Nusskerne (Mandeln, Baumnüsse, Haselnüsse)*
100 g	*getrocknete Pflaumen*
100 g	*getrocknete Aprikosen*
50 g	*getrocknete Äpfel*
50 g	*getrocknete Birnen*
2	*Eigelb, verquirlt*
0,5 dl	*Milch*
2	*Eiweiss, steifgeschlagen*

Zubereiten: Für den Einschlagteig Salz, Hefe und Zucker in der Milch auflösen. Die Weizenkleie dazugeben und gut verrühren. Das Ruchmehl und die Butter ebenfalls dazugeben und die Masse zu einem geschmeidigen Teig kneten. Zugedeckt an der Wärme gehen lassen.

Für die Füllung die getrockneten Früchte in kleine Stücke schneiden. Die Nüsse grob hacken. Trockenfrüchte, Nüsse, Rohrohrzucker, Mehl, Gewürze und Sultaninen mischen. Milch und Eigelb dazugeben. Das Eiweiss sorgfältig unter die Masse heben.

Aus dem Teig ein rechteckiges Stück von zirka 2 bis 3 mm Dicke ausrollen. Eine Cakeform mit Butter einstreichen. Teig so in die Form legen, dass sie ganz ausgekleidet ist und der Teig auf einer Längsseite genügend überlappend ist, damit er als Deckel verwendet werden kann. Die Füllung in die Form geben und mit einem Esslöffel gut pressen, damit keine Zwischenräume mehr vorhanden sind. Teigränder mit Wasser bestreichen und mit dem überlappenden Teig decken. Diesen gut andrücken. Bündner Früchtebrot im vorgeheizten Ofen bei zirka 180 Grad ungefähr 60 Minuten backen.

BÜNDNER BIRNBROT

Pan cun paira

Zutaten für 3 Stück:
Für die Füllung:

400 g	*getrocknete Birnen, in kleine Stücke geschnitten*
150 g	*getrocknete Feigen, ganz*
120 g	*Sultaninen*
30 g	*Orangeat*
120 g	*Baumnusskerne (Walnusskerne)*
1 Msp	*Zimt*
30 g	*Zitronat*
1,2 dl	*Birnen-Träsch (Branntwein)*
1,2 dl	*Rosenwasser*

Für den Ruchbrotteig:

1,5 dl	*Wasser*
1 TL	*Salz*
10 g	*Hefe*
350 g	*Ruchmehl*

Für den Einschlagteig:

4 dl	*Milch*
30 g	*Hefe*
8 g	*Malz*
40 g	*Zucker*
1 EL	*Salz*
40 g	*Butter, zimmerwarm*
640 g	*Weizenmehl*

Vorbereiten: Für die Füllung am Vortag sämtliche Zutaten mischen und im Kühlschrank zirka 15 Stunden ziehen lassen.

Zubereiten: Für den Ruchbrotteig Hefe im lauwarmen Wasser auflösen. Salz unter das Mehl mischen und die Flüssigkeit langsam dazugeben. So lange kneten, bis sich ein geschmeidiger, nicht klebender Teig bildet. Die Füllung unter den Teig rühren. Teigschüssel mit einem feuchten Tuch decken und an der Wärme (30 Grad) gehen lassen.
Für den Einschlagteig Salz, Zucker, Backmalz und Hefe in der Milch auflösen. Das Mehl im Sturz beigeben und mit der Butter zu einem geschmeidigen Teig kneten. Den Teig in drei Teile schneiden und zirka 16 cm lange Rollen formen. Rollen im Mehl drehen und in Klarsichtfolie eingepackt 1½ Stunden ruhen lassen. Die Füllung in drei gleichgrosse Teile trennen und 16 cm lange Rollen formen.
Den Einschlagteig rechteckig auswallen (20 × 40 cm). Ränder mit Wasser bepinseln und die Fruchtrolle in die Mitte legen. Den Teig leicht übereinanderlegen und mit der Naht nach unten auf ein mit Blechreinpapier belegtes Blech legen. Die seitlichen Teigenden einschlagen. Birnbrot 15 Minuten gehen lassen. Mit Eigelb bepinseln und mit einer Gabel zeichnen und stupfen. Im vorgeheizten Ofen bei 200 Grad 45 Minuten backen. Das Brot ist sehr lange haltbar.

Das Birnbrot, das alte bäuerliche Fruchtbrot, gehörte traditionellerweise in den Tagen zwischen Weihnacht und Dreikönigstag auf den Tisch. Die Birnbrote reichen vom gewöhnlichen schmackhaften Birnbrot aus Roggenmehl und Dörrbirnen bis zum erlesenen Gemisch von Dörrbirnen, Feigen, Weinbeeren, Mandeln und Nüssen mit einem Zusatz von Schnaps und Gewürzen. Ursprünglich mischte man die Dörrbirnen bei, um den Vorrat an Brotmehl zu strecken. Der Lugnezer sagte deshalb «petta spargna paun» (Birnbrot spart Brot).

Als Aberglaube ist in Deutschbünden bekannt:
«Uf ds Nüjahr heindsch Pittä und Biräbrot gäbachä; und de, wenn's dûchel oder gar schwârz gäbachä gsin sî, denn hei's en Todfall in dr Familjä oder in dr Verwandtscheft bädüüt. Und wenn ds Biräbrod zersprung-gä sî, denn hei's bädüüt, dass' dert in däm Hus ä Spûsä gäb.»

PUSCHLAVER RINGBROT

Bratschadella

Zutaten für 2 Stück:

0,5 l	*Wasser*
25 g	*Hefe*
1 EL	*Salz*
600 g	*Roggenmehl, ausgesiebt*
150 g	*Ruchmehl*

Zubereiten: Die beiden Mehle in eine grosse Schüssel geben. Das Salz daruntermischen. In das Mehl eine Vertiefung machen. Hefe im lauwarmen Wasser auflösen und in die Vertiefung geben. Das Ganze zu einem geschmeidigen Teig kneten. Den Teig mit einem feuchten Tuch decken und in der Wärme (30 Grad) 1 Stunde gehen lassen. Teig halbieren und zwei Kugeln formen. Mit dem Finger in der Mitte ein Loch drücken und zu einem Ring ziehen. Mit Roggenmehl bestäuben und auf ein mit Blechreinpapier belegtes Blech setzen. Nochmals 20 Minuten gehen lassen. Mit einem scharfen Messer drei Einschnitte machen. Brote im vorgeheizten Ofen 230 Grad 40 bis 50 Minuten backen.

Wichtige Messeinheiten

1 TL Öl	2–3 g
1 EL Öl	6–7 g
1 TL Flüssigkeit (Wein, Wasser, Branntwein usw.)	3–4 g
1 EL Flüssigkeit (Wein, Wasser, Branntwein usw.)	10 g
1 gestrichener TL Zucker/Salz	5 g
1 gestrichener EL Zucker/Salz	15–17 g
1 gehäufter EL Zucker	25–28 g
1 gestrichener EL Mehl	7 g
1 gehäufter EL Mehl	20 g

Die Mengenangaben zu den Rezepten in diesem Buch sind für 4 Personen gerechnet.

Ruchmehl entspricht in Deutschland dem Weizenmehl Typ 1050.

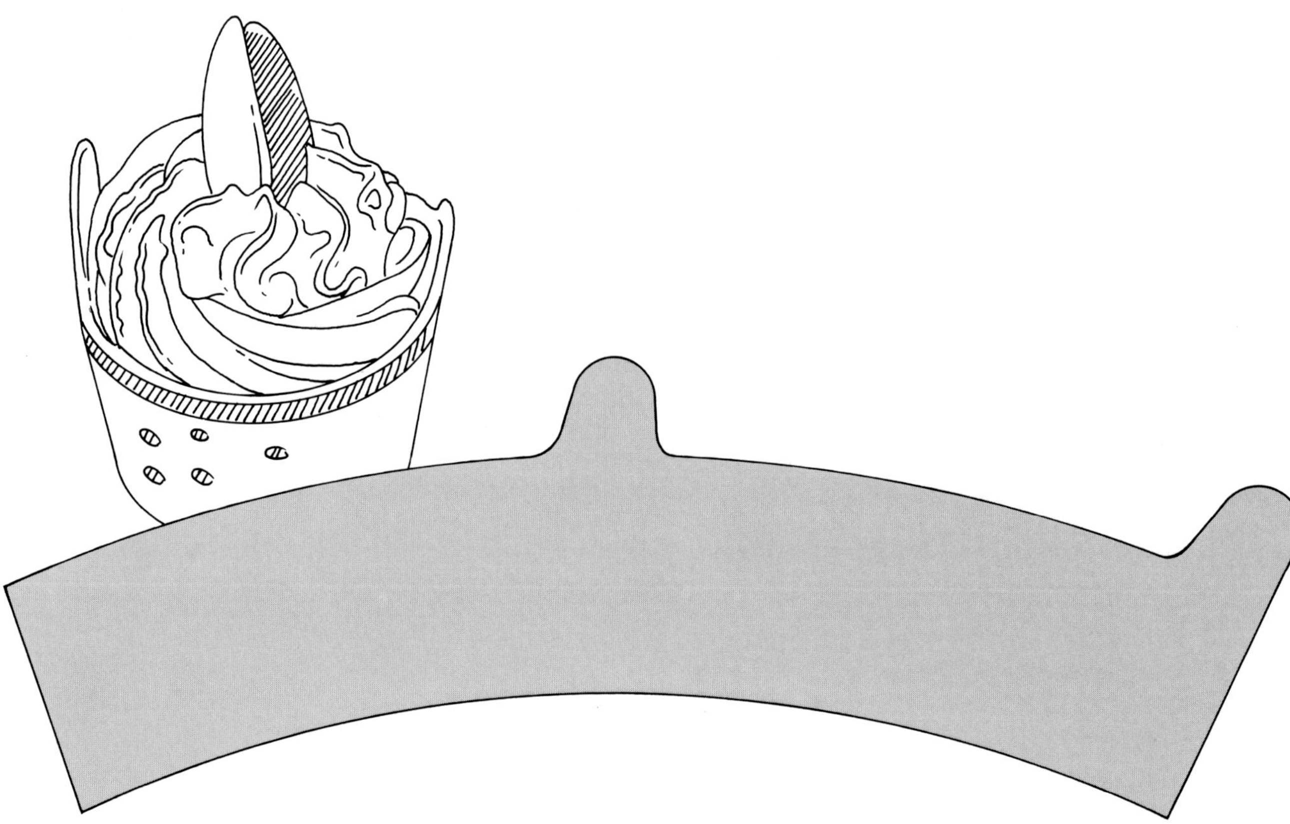

FACHAUSDRÜCKE

Biest	Erste Milch nach dem Kalbern
Bouillon	Knochen- oder Fleischbrühe, hergestellt von Knochen oder Fleisch, mit Gemüsen und Gewürzen
Bramata	Grober Maisgriess
Consommé	Klare Fleischkraftbrühe, hergestellt aus Bouillon mit Fleisch, Gewürzen und Gemüsen
Nitritsalz	Pökelsalz (beim Metzger erhältlich)
Schilt	4 zusammengebackene Weissbrötchen (zusammen zirka 250 g schwer)
Rahm	Flüssiger Rahm (Sahne), 35% Fettgehalt
Schlagrahm	Geschlagener Rahm (geschlagene Sahne), 35% Fettgehalt
Abfetten	Die Brühe oder den Fond nach Möglichkeit erst nach dem Erkalten abfetten. Dann hat sich das Fett an der Oberfläche gesammelt und ist fest geworden, so dass man es mit einem Löffel ganz einfach entfernen kann. Bei einer heissen Consommé saugt man das Fett mittels Küchenpapier von der Oberfläche ab.
Aufmontieren	Kalte Butterstücke mit dem Schwingbesen in eine warme Sauce einrühren.
Blanchieren	In kochender Flüssigkeit überwallen. Wird bei zarten Gemüsen angewendet, die nur eine kurze Garzeit haben, oder zum Vorgaren von Kartoffeln, Topinamburs usw. Fleisch und Knochen werden blanchiert, um sie von Schmutz und Fettrückständen zu säubern.
Einreduzieren	Flüssigkeit (Saucen) einkochen lassen.
Glasieren	Im Ofen mit wenig Flüssigkeit braten. Eignet sich für helles Fleisch oder Geflügel. Der hohe Gelatinegehalt des hellen Fleisches bewirkt die starke Glasur. Bei Gemüsen ist es der Zuckergehalt.
Gratinieren	Bei starker Oberhitze (250 bis 300 Grad) überbacken.
Pochieren	Bei zirka 80 bis 85 Grad im Fond oder im Wasserbad garen. Eine sehr schonende Garmethode für Fische, Klösschen, zartes Fleisch und Geflügel, Süssspeisen wie Pudding, Sabayon usw.
Sautieren	Kurzes Braten von kleinen Fleischstücken, Fischen, Kartoffeln, Gemüsen. Immer erst kurz vor dem Sautieren würzen. Die Produkte nie direkt aus dem Kühlschrank verwenden. Sie sollten immer Zimmertemperatur haben.

Literaturhinweise

Barblan, Gaudenz. Costüms, üsanzas, modas e festas popularas in Engiadina bassa. In: Annalas da la Società Retorumantscha, 1900, Ann. 14.

Barblan, Gaudenz. Mitos religius, mitos eroics, legendas e da tuotta sort requints populars in Engiadina bassa. In: Annalas da la Società Retorumantscha, 1909, Ann. 24.

Caduff, Moritz. Essen und Trinken im Lugnez. In: Schweizerisches Archiv für Volkskunde, 1986, 82. Jg., Heft 3–4 – Basel 1986

Camathias Flurin. Ovras. Lavur edida e commentada da Alfons Maissen – Lags 1971

Caratsch, Simon. Poesias unmoristicas e populeras in romauntsch d'Engiadin'ota. 2. ed. aumenteda – Turin 1881

Dicziunari Rumantsch Grischun (DRG). Publichà da la Società Retorumantscha. Faschiculs 1–112 – Cuoira/Winterthur 1939–1989

Gadola, Guglielm, Tratgas e tschaveras de tschels onns. In: Calender Romontsch, 1960, Ann. 101 – Mustér 1960

Herzog, Paul. Die Bezeichnungen der täglichen Mahlzeiten in den romanischen Sprachen und Dialekten. Diss. – Zürich 1916

Lössi, Henri. Der Sprichwortschatz des Engadins. Diss. – Winterthur 1944

Mathieu, Jon. Bauern und Bären. Eine Geschichte des Unterengadins von 1650–1800 – Chur 1987

Muoth, Giachen Caspar. Il Gioder – Ina canta da sur fatgs de cuschina cantada dedicada a nossas casarinas, mo senza malart. In: La poesia da Giachen Caspar Muoth – Cuera 1945

Peer, Andri. Poesias – Gedichte. Deutsch von Herbert Meier – Disentis/Mustér 1988

Pult, Chasper. Las bacharias. In: Annalas da la Società Retorumantscha, 1921, Ann. 35.

Sererhard, Nicolin. Einfalte Delineation aller Gemeinden gemeinder dreyen Bünden nach der Ordnung der Hochgerichten eines jeden Bundes, Nachbarschafften, Höfen, Situationen, Landsart, Religion und Landsprach kurz entworfen. 1742. Ausgabe O. Vasella und W. Kern – Chur 1944

Sonder, Ambros. Das ländliche Leben der Unterengadiner Gemeinde Tschlin im Spiegel seiner Sprache. Diss. – Samaden 1944

Weiss, Richard. Das Alpwesen Graubündens – Zürich/Erlenbach 1941

Weiss, Richard. Volkskunde der Schweiz – Zürich/Erlenbach 1946

Bildnachweis

Abbildungen Seite 14: Florio Pult, Genf